Institut bewusst schöner leben

*Das Buch **jetzt DU it** © kann dein Leben verändern. Du wirst deine Ideen, Ziele und Visionen umsetzen. Du wirst mehr Spaß, Elan und Zeit haben. Du wirst deine Lebensqualität spürbar verbessern. Ich würde es nicht behaupten, wenn nicht die Devise des Buches folgende wäre: einfach. ergebnisorientiert. praxiserprobt. Träume deine Ziele, lebe sie, erreiche sie.*

Mag. Markus Robinigg hat Betriebswirtschaft an der Leopold-Franzens Universität Innsbruck studiert und ist Master Practitioner of NLP certified by Dr. Bandler. Seit 2003 hat er sich als Unternehmensberater für Betriebsoptimierungen und Persönlichkeitsentwicklung spezialisiert.

Mit einem Expertenwort von Marc M. Galal, Matthias Garten, Arno Fischbacher, Hans-Werner Schönell, Joe Fischler, Gerd Ziegler und Heinrich Stemeseder.

Markus Robinigg

jetzt DU it

In dir stecken tolle Potentiale. Nutze sie.

In 7 Tagen zu mehr Freizeit,

Lebensglück und Erfolg.

© 2014 Markus Robinigg

Verlag: Institut bewusst schöner leben

Autor: Mag. Markus Robinigg

Design, Umschlaggestaltung: Paul Santek, www.paulsantek.com

Umschlagfoto: Andres Rodriguez, photodune.net

Lektorat: Sandra Reinbacher

Druck und Bindung: tredition GmbH, Hamburg

ISBN 978-3-9503887-0-1

Alle Rechte vorbehalten.

Bibliografische Information der österreichischen Nationalbibliothek: Die österreichische Nationalbibliothek verzeichnet diese Publikation in der Deutschen Nationalbibliografie; detaillierte bibliografische Daten sind im Internet http://www.onb.ac.at/ abrufbar.

www.jetzt-du-it.com

www.robinigg.at

www.institut-bewusst-leben.com

Wenn nicht jetzt, wann dann?

Wenn nicht Du, wer dann?

Wenn nicht it, was dann?

Dieses Buch widme ich meiner Familie.

Markus Robinigg

jetzt DU it ©

Inhalt

Tag 5: setze es um! 173

Tag 6: controlle! 197

Tag 7: genieße! 213

Bonus 229

Gib deinen Ideen eine Chance

„Jeder Mensch hat zumindest eine bemerkenswerte Lebensidee. Eine Lebensidee ist eine Idee mit eine enormen Gestaltungskraft in sich. Wenn diese Kraft zur vollen Entfaltung kommt, beeinflusst diese Idee dein Leben, das deiner unmittelbaren Mitmenschen und sogar das der gesamten Menschheit. Aber ca. 90% der Ideen werden nicht umgesetzt. Das Buch hilft dir, wichtige Ideen umzusetzen. Es könnte deine Lebensidee sein!" Markus Robinigg

Erinnerst du dich an deine letzten 3 Träume? Wenn ich dich jetzt fragen würde, was genau hast du geträumt? Wie viel würdest du mir erzählen können? Nicht sehr viel, wahrscheinlich. Vielleicht erinnerst du dich noch an einen Traum. Aber an deine letzten 3 Träume? Und das, obwohl unsere Träume oft so spannend sind! Unglaublich, was sich da so alles abspielt, wir retten die Welt, wir sind Helden und kämpfen, besiegen Monster, überleben böse Alpträume und schauen in das Angesicht des Todes. Wir befinden uns an den wunderschönsten Plätze der Erde und erleben unglaubliche Momente und trotzdem, wir vergessen diese Träume wieder.

„Der Mensch vergisst 95% seiner Träume, eine Menge Daten, die wir jeden Tag verlieren". Hunter Lee Soick (Shadow Man)

Ideen sind irgendwie wie Träume. Auch diese gibt es und auch diese verschwinden oft bald wieder. Sie geistern in unserem Gedächtnis herum, aber je mehr Zeit vergeht, desto mehr verblassen sie. Es gibt einen Spruch, der es auf den Punkt bringt: „Wenn du nicht innerhalb von 72 Stunden mit der Umsetzung der Idee startest, dann wirst du diese mit 90% Wahrscheinlichkeit nicht realisieren."

90% unseres Tuns werden von unserem Unbewussten gesteuert. Maximal 10% unseres Tuns und unserer Gedanken sind uns bewusst, dazu gehören auch unsere Ideen. Selbst wenn wir auf eine bestimmte Idee fixiert sind, schaffen wir es zu 90% nicht, diese zu realisieren. Die Hauptaufgabe unseres Unbewussten besteht darin, uns am Leben zu erhalten. Ideen und Wünsche haben oft gar nichts damit zu tun. Eine bewusst gedachte Idee muss um die Gunst des Unbewussten kämpfen. Wie aber schaffen wir es unserem Unbewussten zu suggerieren, das eine bestimmte Idee so wichtig für unser Leben ist, dass sie sich in unserem Unbewussten manifestiert? Und wenn es ein fehlendes Glied in der Kette zwischen Idee und Umsetzung gibt, wo ist es?

Es gibt zahlreiche Seminare und Bücher, die sich mit den Themen „Ideen verwirklichen", „Ziele erreichen" und „Visionen umsetzen" beschäftigen. Dafür wurden unzählige Methoden entwickelt, die hier weiter helfen könnten (Zeitoptimierung, Projektmanagement, Persönlichkeitsentwicklung, systemische Ansätze, Businesspläne, Leitfäden, Checklisten, …). Trotzdem werden auch wichtige Ideen nicht umgesetzt. Woran liegt das? An den Büchern? An den Seminaren? An den Personen die lehren oder an denen die lernen? An den Umständen? Dem Schicksal?

In meiner Tätigkeit als Berater bemerke ich immer wieder, dass Menschen im Grunde viele Ideen haben. Zumindest ausreichend genug um ihrem Leben eine bestimmte Richtung zu geben oder Probleme zu lösen, ihre Lage zu verbessern, Ziele zu erreichen. Mit diesen Ideen könnte man das Leben so lebenswert gestalten, dass man mit mehr Freude und Erfolg leben würde. Aber nur die Wenigsten setzen ihre Ideen um. Es gibt auch Menschen, die behaupten, dass sie keine „guten" Ideen haben. Manche meinen sogar, überhaupt keine zu haben. Welche Gründe führen zu dieser Erkenntnis? Sind es Reflexionen von anderen oder Erfahrungen aus gescheiterten Visionen? Es gibt Personen die ständig blockiert sind. Du hast es wahrscheinlich erkannt: Angst spielt auch eine große Rolle. Im Zuge der Angst befindet man sich in einem negativen Modus. Hier sind Flucht, Kampf, Vermeidung und sich Totstellen angesagt. Man sieht vielleicht die Idee nicht, obwohl sie vor einem liegt, sondern erstarrt. Woher kommt diese Angst? Was sind die Gründe, die Ursachen für das Nichtverwirklichen von Ideen? Das war für mich eine Herausforderung, ich wollte wissen, woran es liegt, dass ein Mensch seine Ideen nicht umsetzt. Nach zahlreichen Gesprächen mit KundInnen, BeraterInnen, SteuerberaterInnen, LebensberaterInnen, psychologischen SpezialistenInnen fing ich an, mich immer mehr mit der Psychologie des Umsetzens zu beschäftigen. Aus meinen Beobachtungen, Erfahrungen und den zahlreichen Gesprächen kristallisieren sich einige brennende Kernursachen heraus. Diese werden wir uns später ganz genau anschauen. Wahrscheinlich wirst du gewaltig darüber staunen, welche davon auch dich betreffen.

Der römische Philosoph Seneca bemerkte schon vor mehr als 2000 Jahren, dass die Menschheit ein Zeitproblem hat. Wie ist es heute? Vermeintlich noch viel schlimmer. Vermeintlich. Kaum einer nimmt sich die Zeit neue Ideen zu entwickeln, weil die Motivation, die Zielorientierung, die Zeit oder das Geld fehlen. Es ist nicht schwer zu scheitern. Hier ein paar Tipps, aber bitte nicht nachmachen:

- Nimm dir keine Zeit für deine Ideen,
- setze mehrere Ziele gleichzeitig um,
- Jage einem Ziel nach dem anderen hinterher,

- Verzettele dich hemmungslos im Detail,
- Finde laufend neue Probleme,
- Lasse dich von anderen regelmäßig abhalten,
- Sei dir eines kleinen Selbstwertes bewusst,
- Verharre in ungesunden Zuständen und verherrliche negative Bilder.

jetzt DU it © macht Schluss damit. Mithilfe eines Schwungrads bringst du Bewegung in die Umsetzung. Die Erkenntnis, wie du einen neurolinguistischen Code zum Umsetzen selbst programmieren kannst, bringt dich bedeutend weiter. Damit kommunizierst du effektiv und sehr wirkungsvoll mit deinem Unbewussten: „Tu es!" – eine klare Ansage. 90% des Tuns geschieht unbewusst. Der Code regt das Unbewusste an, aktiv an der Umsetzung der Zielerreichung mitzuwirken. Das Berücksichtigen von 4 goldenen Regeln wird dir helfen, Wille, Handlung und Gedanken in Einklang zu bringen. Du wirst besser verstehen, warum der innere Schweinehund für manche Sachen gut ist. In anderen Bereichen dich aber daran hindert, deine Ziele zu erreichen. Der Einfluss von äußeren Reizen wird durch die Fokussierung einfach abnehmen. Was ist noch sehr wichtig? Zum Beispiel wie du kräftige Erfolgstreiber installieren kannst, um im (Ein)Fluss des täglichen Geschäfts nicht unterzugehen und oben auf zu schwimmen. Sei gespannt auf eine Methode, wo du wie ein Spürhund die Fallen von Zeit-, Ziel- und Energieräubern entdeckst. Diese bauen scheinbar unermüdlich und immer wieder aufs Neue, vor dir und in dir, diese verhängnisvollen Fallen auf. In diesem Buch wartet eine gewaltige Ladung an Informationen auf dich. Mithilfe dieses Buches erkennst du in Zukunft ganz klar, was in welcher Situation zu tun ist und warum es wichtig ist, dass du die speziellen Werkzeuge genau in dieser Situation verwendest. Außerdem zeige ich dir, wie du

- leichter und tatsächlich deine Ziele erreichst,

- deine wichtigsten (Lebens)Ideen umsetzt,

- wirkungsvolle Methoden zur Zielerreichung einsetzen lernst,

- auf erprobte Werkzeuge samt Anleitung zurückgreifen kannst,

- mehr Möglichkeiten für die Umsetzung deiner Strategie zur Verfügung hast,

- sofort anwendbare Tipps und Tricks für „wenn es einmal nicht so läuft wie geplant" findest,

- einen klaren Überblick hast, wann welche Werkzeuge nützlich sind,

- für die Kommunikation mit dem Unbewussten auf feine neurolinguistische Techniken zurück greifen kannst,

- deine verfügbare Zeit mit noch mehr Lebensfreude gestaltest,

- deinen Energiehaushalt mit leicht aufladbaren Akkus stärkst,

- deine Lebensqualität stark verbessern und tolle Ergebnisse erzielen kannst.

Spitzenunternehmer beherrschen das Umsetzen perfekt: Sie wissen, wo sie stehen, setzen sich Ziele, entwickeln Strategien und machen sich fokussiert auf ihren Weg. Sie erkennen Gelegenheiten und nutzen diese. Sie lassen sich auch nicht von Hindernissen, Problemen, Aufgaben, anderen Menschen oder Umständen aufhalten. Sie visualisieren ihren Weg und das Ziel und überzeugen sich und andere von der Umsetzung. Sie beherrschen vor allem die Kommunikation mit dem Unbewussten. Für lebensbejahende Menschen ist das Geheimnis der unbewussten Kommunikation entschlüsselt. Finde die Schlüssel in diesem Buch, du darfst sie verwenden.

jetzt DU it © vereint Methoden aus NLP™ (Neuro linguistisches Programmieren), NLS® (Neuro Lingustic Selling - Verkaufsstrategie von Marc M. Galal) und BWL (Betriebswirtschaftslehre). Mit Hilfe dieses Buches kommst du schneller als gewohnt ins Handeln. Du bekommst Anleitungen und Bausätze und damit zimmerst du dir faszinierende 12 Wochenprogramme. Du wirst begeistert in Richtung Zielverwirklichung gehen. Du meisterst entspannter und mit weniger Stress den Pfad des Tuns. Manche persönlichen Blockaden werden einfach verschwinden. Zahlreiche Werkzeuge ermöglichen dir ein exzellentes Umsetzen, damit du deine Ideen verwirklichst und am Ziel ankommst.

Stell dir vor, du setzt deine Lebensidee und Vision um. Wie wirst du diesen Erfolg feiern? Wie wirst du das Leben genießen? Ich bin schon gespannt, welches Kapitel dir bei der Umsetzung am meisten weiterhelfen wird. Eines ist klar: Umsetzen musst du es nach wie vor selbst. Von alleine wird nichts kommen. Aber: Du hast nun Werkzeuge zur Seite, die unter dem Gesichtspunkt einfach, ergebnisorientiert und praxiserprobt entwickelt wurden. Damit geht der geplante Wandel, von der Gegenwart in die Zukunft, leichter und das Umsetzen macht auf alle Fälle noch mehr Spaß.

Ich biete dir ein respektvolles Du an, weil es die Kommunikation erleichtert. Das Buch ist in 7 Kapitel gegliedert. Wenn du jeden Tag ein Kapitel ausarbeitest, dann kannst du schon nächste Woche mit dem Umsetzen beginnen. Stelle die Weichen für deine Zukunft in 7 Tagen!

Viel Spaß und gutes Gelingen!

Markus Robinigg

jetzt DU it ©

Tag 1: starte!

Der erste Tag ist von großer Bedeutung, denn an diesem Tag gibst du deinem Unbewussten ein ganz klares Signal: Achtung liebes Unbewusstes, wir gestalten jetzt aktiv unsere Zukunft! Dieses immens wichtige Startsignal ist der erste Schritt hin zu deinen Zielen. Es ist ein eindeutiger und verbindlicher Auftrag an dein Unbewusstes: denke zielfokussiert, lenke und steuere mein Geschick, erkenne Engpässe und nutze zielverwirklichende Chancen.

Mit Hilfe dieses Buches kannst du eine einzelne Idee, deine Lebensidee, deine Ziele und Visionen, aber auch eine vollständige Lebensstrategie realisieren. Du lernst sehr schnell, ein dich motivierendes System zu nutzen und wirst Engpässe viel früher als normal erkennen.

Im ersten Kapitel erfährst du einiges über die Entstehungsgeschichte dieses Buches und zum besseren Verständnis die zugrunde liegenden Vorannahmen, Methoden und wissenschaftlichen Einflüsse.

Tagesziel: **Startsignal an dein Unbewusstes senden.**

Marc M. Galal

Es ist mir eine große Freude, dieses Vorwort für Markus Robinigg zu schreiben. Sein Buch „Denk nach und mach es" wird vielen Menschen nicht nur eine große Inspiration, sondern auch eine enorme Hilfe sein. Viele Menschen haben fantastische Ideen, oft sind diese sogar schon richtig ausgereift und könnten realisiert werden, doch tatsächlich bleiben sie in der Schublade liegen und werden nie umgesetzt. Und dann, wenn jemand anders diese Idee realisiert, dann ist der Ärger groß. Wie lange sollen Ihre Ideen noch in der Schublade liegen?

„Denk nach und mach es: „jetzt Du it" ist das perfekte Buch, um aus einer Idee ein funktionierendes Business zu machen, weil es aus der Praxis für die Praxis ist. In den vergangenen 13 Jahren habe ich mehr als 110.000 Menschen in den Bereichen Verkaufslinguistik und Verkaufspsychologie gecoacht und trainiert und eines habe ich dabei festgestellt: viele Menschen sind bereit, alles dafür zu geben, damit ihr Business erfolgreich wird, doch sie brauchen eine Anleitung.

Und die liefert ihnen die von mir entwickelte und weltweit patentierte nls®-Strategie. Neuro Linguistic Selling, das ist die Kunst der Überzeugung durch die gezielte Anwendung von Sprache. In Verbindung mit Elementen aus der Psychotherapie, der Rhetorik, neuesten wissenschaftlichen Erkenntnissen und praktischen Schritt-für-Schritt-Anleitungen aus dem Verkauf entsteht ein Werkzeug, das es jedem Menschen ermöglicht, erfolgreich zu sein. Eliteverkäufer verwenden unbewusst oder bewusst spezifische Sprachmuster und eines dieser Muster ist das „Ursache gleich Wirkung"-Prinzip. Dieses Prinzip lässt sich sehr gut mit der „wenn-dann"-Verknüpfung erklären. „Wenn du gleich aus dem Fenster schaust, dann musst du sehr lachen." Der erste Satzteil steht für die Ursache und der zweite für die Wirkung. Obwohl es keinen kausalen Zusammenhang zwischen beiden Satzteilen gibt, gehen wir davon aus, dass es einen gibt und erwarten, dass wir, bei einem Blick aus dem Fenster, etwas sehr Komisches sehen werden. Die Satzkonstellation bringt uns dazu, einen kausalen Zusammenhang herzustellen; völlig unabhängig davon, ob es tatsächlich einen gibt oder nicht.

Ich möchte Ihnen an dieser Stelle ein weiteres Sprachmuster vorstellen, das Eliteverkäufer häufig verwenden und in dem ein Teil der Aussage als wahr unterstellt wird. „Haben Sie bemerkt, dass sich Ihr Kaufverhalten im vergangenen Jahr verändert hat?" Bei dieser Frage spielt es keine Rolle, was der Kunde antwortet. „Ja, das habe ich bemerkt." oder „Nein, das habe ich nicht bemerkt." Bei dieser Suggestion wird stillschweigend angenommen, dass sich das Kaufverhalten verändert hat. Wenn Sie jetzt erkannt haben, welche sensationellen Möglichkeiten es gibt, mit der Sprache Menschen zu überzeugen, dann frage ich mich, welche Strategie Sie wohl als Erstes anwenden werden." Auch hierin steckt eine Vorannahme: nämlich, dass Sie eine Strategie anwenden werden.

Einer der wichtigsten Punkte im Verkauf ist es, dass ein Verkäufer zu 100 Prozent kongruent ist. Er muss von seinem Produkt vollkommen überzeugt sein. Viele Verkäufer sind nicht kongruent: das, was sie sagen, ihre Körpersprache, und das, was sie fühlen, stimmen nicht überein. Nur ein Verkäufer, der von seinem Produkt oder seiner Dienstleistung und sich selbst vollkommen überzeugt ist, der kann auch seine Kunden überzeugen.

Nur was in Ihnen brennt, können Sie auch in anderen entzünden. Seien Sie also zu 100 Prozent kongruent, denn das ist die Basis für erfolgreiches Verkaufen.

Der Grundstein ist gelegt, jetzt geht es darum, Ihre Pläne zu realisieren, Ihre Visionen zu verwirklichen, Ihre Träume zu leben. Und dabei wird Ihnen Markus Robiniggs Buch „jetzt Du it" eine wertvolle Hilfe sein. Markus

Robinigg begleitet Sie auf Ihrem Weg zum Erfolg, weist auf Probleme und Stolpersteine hin, zeigt Lösungen auf, erläutert Strategien und Maßnahmen. Wenn Sie dieses Buch nicht nur lesen, sondern aktiv damit arbeiten, dann sind Sie auf dem besten Weg, richtig erfolgreich zu werden.

Ich wünsche Ihnen bei der Lektüre viel Spaß und bin schon jetzt gespannt darauf, welche der Inhalte Sie am meisten faszinieren werden.

Ihr Marc M. Galal

Kundenmeinungen

Ein wichtiges Kriterium für dieses Buch ist die Beziehung Theorie und Praxis. Das vorliegende Konzept wurde von mir persönlich in der Praxis auf seine Tauglichkeit geprüft und dahin gehend entwickelt, dass auch messbare Ergebnisse erzielt werden. Das Feedback der Kunden habe ich für die Entwicklung der Werkzeuge und Systeme genutzt. Sei gespannt, was dieser und jener Kunde sagt:

> »Ich hatte keine Ziele mehr, wusste nicht, wo ich stand, geschweige denn, was ich als nächstes tun sollte. Irgendwie hatte ich den Faden komplett verloren. Doch das änderte sich rasch. In der ersten Phase hatte ich ein anziehendes Ziel formuliert. Mir war mit einem Mal vieles klar und welche Schritte mich als erstes raus aus der misslichen Lage bringen würden. Nach 5 Wochen hatte ich mich auf einer Skala von 1-10 von 1 auf 6 gesteigert. Damit lösten sich viele Probleme auf und ich konnte die Sachen wieder entspannter angehen. Ich hätte nicht gedacht, dass es so schnell gehen kann. « Marion B. ✶ ✶ ✶ ✶ ✶

> »Ich habe ein 12 Wochenprogramm absolviert und meine Kundenquote nach 3 Monaten um 40% verbessert. Nach einem ¾ Jahr habe ich die Vollauslastung erreicht. Ich habe nun auch in „toten" Zeiten, wo andere keine Kunden haben, genug zu tun. Super!« Andreas K. ✶ ✶ ✶ ✶ ✶

»Da hatte ich plötzlich das Gefühl, ich muss meine Arbeitskleidung wechseln - und so zog ich mir ein Hemd und eine normale Hose an. Ich ging zu einer Kundschaft, der kleine Bub machte auf und sagte zu seiner Mutter: „Mama, der Chrisi ist da. In der Sonntagstracht!" Ich wurde rot, es war ein neues Gefühl für mich. Niemand kannte mich so. Aber es war ein gutes Gefühl. « Christian P. ✱ ✱ ✱ ✱ ✱

»Ich habe gelernt abzuschalten. Früher kam ich nach Hause, und immer wieder überkam mich das Gefühl, dass ich etwas vergessen hätte. Es war eine Qual. Jetzt weiß ich, wie ich mich davor schützen kann. « Christoph P. ✱ ✱ ✱ ✱ ✱

»Ich habe schon über 90% meines Marketingplanes erfolgreich umgesetzt. Es ist erstaunlich, aber auf einmal läuft es wie von alleine. « Heinrich S. ✱ ✱ ✱ ✱ ✱

»Ich war mit fast € 200.000 im MINUS und kurz vor dem Aus. Das Programm zu starten, war gerade noch rechtzeitig, sonst würde es meine Firma heute gar nicht mehr geben. 5 Jahre später habe ich nun einen Vermögensüberschuss von ca. € 60.000, den ich jederzeit flüssig machen kann. Jetzt macht das Arbeiten viel mehr Spaß. « Martin S. ✱ ✱ ✱ ✱ ✱

»Ich hatte keine Ideen und keine Ahnung wie ich zu Ideen kommen kann, damit ich mein Geschäft ankurbeln kann. Jetzt habe ich ausreichend neue Ideen und setze diese gezielt um. « Martin S. ✱ ✱ ✱ ✱ ✱

»Das Arbeiten war sehr mühsam geworden. Ich habe mit den Werkzeugen meinen Kopf vom Müll befreit. Jetzt macht es wieder sehr viel Spaß! « Herbert P. ✱ ✱ ✱ ✱ ✱

»Mit dem Controlling der Zielerfüllung weiß ich stets genau, wo ich stehe. Das hilft mir bei wichtigen Entscheidungen, in was ich investieren soll oder nicht. « Markus H. ✱ ✱ ✱ ✱ ✱

»Ich hätte nie gedacht, dass ich jemals die geplanten Umsätze erreichen kann. Aber erstaunlicherweise habe ich nach 3 Jahren genau so viel verdient, wie ich geplant hatte Ich habe mich an den Plan gehalten und die einzelnen Schritte durchgeführt. Mit der

Zeit hatte ich so viel Kunden, dass ich mit der Nachfrage gar nicht mehr nachkam. « Christof P. ✳ ✳ ✳ ✳ ✳

»Die engpassorientierte Vorgangsweise war die Lösung. Zunächst konzentrierte ich mich auf die Kundenakquise. Als ich genug Kunden hatte, hatte ich praktisch keine Zeit mehr für mich selbst. Jetzt habe ich auch das. Ich muss sagen, ich verdiene jetzt viel mehr und habe auch noch mehr Zeit für mich selbst. « Manfred F. ✳ ✳ ✳ ✳ ✳

✳ ✳ ✳ ✳ ✳ »Ich hätte nicht gedacht, dass die Bank noch etwas machen würde. Aber tatsächlich, die Bank hat uns noch die Zeit gegeben. Mit dem schriftlichen Konzept und dem regelmäßigen Aufzeigen des Erfolgsfortschrittes habe ich die Bank überzeugen können. Die Methode ist einfach und wirkt! « Christian M.

»Der Ausgangspunkt war, dass wir in der Sanierungsabteilung bei der Bank waren. Mittlerweile haben wir es geschafft, dass wir wieder bei einem normalen Kundenberater gelandet sind und die Bank auch wieder einen Investitionskredit abwickelte. « Gerald T. ✳ ✳ ✳ ✳ ✳

»Der Motivationslevel ist innerhalb kürzester Zeit von 3 auf 7 angestiegen. Tendenz: steigend! « Georg W. ✳ ✳ ✳ ✳ ✳

»Vor 6 Jahren hatten wir einen Umsatz € 350.000. Heuer ist es € 1 Million mit einem tollen Gewinn. « Toni P. ✳ ✳ ✳ ✳ ✳

»Wir haben es geschafft, in einem Jahr von € 70.000 MINUS auf € 70.000 PLUS zu gelangen. Jetzt, nach 5 weiteren Jahren, können wir stolz behaupten, dass unser Schnitt bei der Produktivität unserer Mitarbeiter mit € 130.000 pro Mann im Spitzenbereich der Branche liegt. « Christian P. ✳ ✳ ✳ ✳ ✳

»Eigentlich hatte ich überhaupt kein Selbstvertrauen mehr. Jetzt gibt es nichts mehr, was ich mir nicht auch noch zutraue! « Patricia Z. ✳ ✳ ✳ ✳ ✳

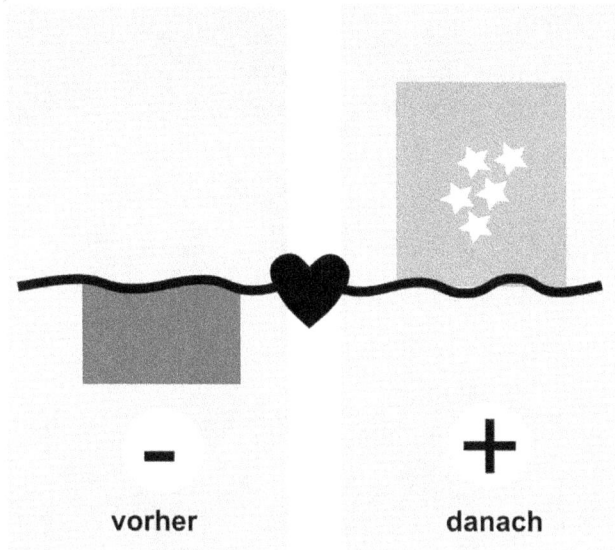

Abbildung 1: Erfolgskonzept Beratung

Wenn ein Läufer einen 100-Meter-Lauf vor sich hat, dann ist er erst im Ziel, wenn er die 100-Meter-Linie überquert hat. 30 Meter, 70 Meter, selbst 99 Meter voll und so schnell gelaufen wie kein anderer Mensch jemals zuvor, es wird nichts nützen – das Rennen hat der gewonnen, der als erster die 100-Meter-Linie überquert hat. Auch wird es nicht hilfreich sein, wenn du in die falsche Richtung läufst. Genauso wenig wenn du mit angezogener Handbremse unterwegs bist. Wenn du von links nach rechts und vor und zurück springst, auf der Stelle in Höchstgeschwindigkeit immer wieder hoch springst, du wirst nicht ins Ziel kommen. Der Spaßfaktor ist irgendwann einmal auch auf Nullkommanull und weniger angelangt. Unterschätzt wird oft auch das unglaubliche Potential der Unterstützung von außen. Viele Menschen probieren es lieber selbst und merken nicht, dass sie im Grunde immer wieder dasselbe machen. Wie auch immer, mit diesem Buch bekommst du Werkzeuge, die dich unterstützen dein Ziel zu erreichen. Dass es Menschen gibt, die damit erfolgreich sind, bezeugen Kundenerfahrungen.

> „Jeder kann seine Lage verbessern. Der Ausgangspunkt ist „vorher", der Zielpunkt „danach". Was zahlreiche Erfolge im Zuge der Beratung beweisen, das kann sich auch für dich mit dem Programm **jetzt DU it** © ergeben. Starte mit der Gestaltung einer besseren Zukunft jetzt!"

Ich möchte dir noch eines sagen:

- Es ist wahrscheinlicher, dass du mit der Nutzung der Werkzeuge erfolgreicher bist als ohne.

- Je mehr du damit arbeitest, umso mehr werden dir Dinge einfallen, die dich beim Vorankommen unterstützen.

- Wenn du einen Schritt nach dem anderen setzt, dann wirst du auch weiter kommen. Wenn du andere Sachen machst, dann wirst du das, was du geplant hast, wahrscheinlich auch nicht erreichen.

- Das System ist dazu geeignet, es bei Bedarf neu zu programmieren. Du bringst dein Bewusstes und Unbewusstes auf Kurs und in Einklang. Du wirst Möglichkeiten realisieren, von denen du zuvor nicht einmal geträumt hast.

Selbstverständlich überlasse ich es völlig dir, ob und wie du deine Strategie umsetzt. Und du bist auch völlig frei, dieses Buch heute noch weiterzulesen, oder noch bis morgen zu warten. Ob du wohl ebenso gespannt bist wie ich, wie es nun weiter geht? Und während sich der gesunde Kritiker in dir fragt, ob dieses Buch tatsächlich etwas für dich ist (so ist es richtig!), hat sich dein Unbewusstes möglicherweise längst zum Weiterlesen entschlossen ... jetzt. Mit diesem Buch möchte ich dich aus dem Alltagsgeschäft herausholen und dir zeigen, wie du exzellent mit deinem Unbewussten kommunizieren kannst und du auf einfache aber sehr wirkungsvolle Weise deine Ziele erreichen kannst.

Mein Weg

Vor etlicher Zeit traf ich einen guten Freund, der mir seine Lebensgeschichte erzählte. Er war soeben um einen ordentlichen fünfstelligen Betrag ärmer geworden, seine Beziehung in einer Sinnkrise, selbst war er gerade zum x-ten Mal im Büro von einem Standort zum anderen versetzt worden, Finanzamt, Sozialversicherung und Bank wollten dringend mit ihm reden. Dabei war er selbst ein sehr guter Berater. Zahlreichen seiner Klienten konnte er entscheidend weiterhelfen. Ich sehe heute noch sein angespanntes Gesicht vor mir. Und das mit seinen knapp 40 Jahren, etwa gleich alt wie ich. Ich sah in den Spiegel und frage mich selbst: „Und ich?"

Die Frage beschäftigte mich so sehr, dass ich mein Leben durchleuchtete. Beruflich, privat, gesundheitlich und finanziell. Ich war im Grunde zufrieden mit meinem Leben. In einigen Bereichen hatte ich mehr erreicht als erwartet. In einigen so ziemlich das, was ich mir vorgestellt hatte. In so manchen war ich aber sehr weit von dem entfernt, wo ich sein wollte. Und wenn ich mir einen Spiegel vor die Nase hielt, einen sehr kritischen (oder ehrlichen?), da konnte ich Konturen von Tilgung, Generalisierung und Verzerrung erkennen. Ich musste mir selbst eingestehen: So manches Bild malte ich schöner, als es tatsächlich war. Es war teilweise sehr ernüchternd. So beschloss ich, Einiges zu verändern. Als erstes buchte ich einen Kurs von Marc M. Galal. Vor Jahren hatte ich ein Buch von ihm gelesen, nun war es Zeit, etwas Neues zu lernen. Die Kurse waren hochpreisig und eigentlich konnte ich sie mir gar nicht leisten. Aber auf der anderen Seite konnte ich mir es leisten, nichts zu tun?

Auf dem Flug von Frankfurt nach Innsbruck flogen meine Gedanken der Vergangenheit mit. Während des Studiums war oft sehr viel zu lernen. 4-8 Wochen die man in einem Fach brauchte, um den ganzen Stoff zu beherrschen. Ich fing prinzipiell 1-2 Wochen später an als alle anderen. Dazu belohnte ich mich obendrein, mit einem saftigen Steak oder edlen Fisch, schon vorweg für die Prüfung. Dafür, dass ich endlich anfing zu Lernen. Und während ich so dasaß, und das Steak genoss, stellte ich mir schon einmal vor, wie es sein würde, wenn ich die Prüfung geschafft hatte. Was ich als erstes machen würde. Mit wem ich feiern würde. Wie ich mich dafür belohne würde. Ich fühlte mich mit allen Sinnen in das Schaffen der Prüfung hinein. Und während ich meinen Gedanken in der Vergangenheit freien Lauf ließ, wuchs in mir die Erkenntnis. Zuhause angekommen nahm ich meine Lebensbilanz in die Hand. Jetzt, jetzt konnte ich plötzlich die einzelnen Positionen lesen. Plötzlich wusste ich, dass diese Erfolge und Misserfolge sehr viele Informationen mehr enthielten, als „oberflächlich" betrachtet. Es enthielt wertvolles DNS Feedback. Ja! Auf einmal wurde vieles klarer. Ich erkannte welche Chancen in einer Krise steckten. Dass ich ein Ziel brauchte, das magnetische Anziehungskraft haben muss. Es musste so glitzern, dass es mich verzaubern konnte. Nach der Lehre war die Abendmatura das Ziel, danach das Studium. Ich erkannte meine „Hot Buttons", meine Schmerz- und Freudeknöpfe, mit deren Hilfe ich mich selbst in schwierigen Situationen motivieren konnte.

Ich habe immer sehr viele Bücher gelesen. Darunter etliche mit dem Motto: „Man nehme nur noch ein bisschen Konsequenz, Ausdauer, positives Denken, usw., dann gelingt vieles automatisch. Jetzt, im Nachhinein, kann ich das besser nachvollziehen. Ohne dass man es merkt, steht man sich selbst oft im Weg. Und eines trifft in jedem Fall zu: es liegt an einem selbst, wie man mit der Situation umgeht. Was man daraus macht. Wie man mit sich selbst redet und es zulässt. Auf dem Weg zu seinen Zielen begegnen einem so ziemlich alle, die man eigentlich nicht treffen möchte. Zeitdiebe, Zeitfresser, Zieldiebe,

Zielfresser, Motivationslöcher, schlechte und negative Stimmungsbomben, Kommunikationssprengstoff, Informationslücken, Selbstgesprächsalpträume. Ein 100-Meter-Rennen ist genau dann aus, wenn man über die Ziellinie gerannt ist. Und keinen Schritt davor. 90 Meter sind zu wenig. Kein Ergebnis, kein Erfolg. Man könnte behaupten, da steckt so viel Feedback drinnen. Aber wen interessiert Feedback in der Stunde der Niederlage? Die wenigsten, oder? 9 von 10 Ideen werden nicht verwirklicht, 9 von 10 Strategien werden nicht umgesetzt. 9 von 10 Menschen laufen nur 90 Meter, obwohl das Rennen 100 Meter lang ist. Der Blickwinkel macht aus einem Stein einen Stolperstein, einen Meilenstein oder eine Orientierungshilfe.

Plötzlich verknüpften sich bei mir einige Gedanken zu einem sinnvollen Bild. Ohne Ziele und einer lebendigen Strategie würde ich nicht weiter kommen. Jahrelang mit Plänen und Analysen herum schlagen oder einfach nur neue Strategien definieren ist zu wenig. Nachzudenken ist ok, aber dann auch losrennen und schauen, wie weit man kommt oder was man noch braucht um ans Ziel zu kommen, gehört auch dazu. Und so nutzte ich kurz- und langfristige Pläne, variierte das Training und den Wettkampf, verbesserte meine Technik. Ließ mich nicht entmutigen, schöpfte neue Kraft und stellte mich den Herausforderungen. Gleichzeitig ließ ich mich von bestimmten Menschen anfeuern und nahm Unterstützung auch in Form von Feedback an. So entstand auch meine 3WegStrategie, die ich dir gerne weiter geben möchte. Sie ist fixer Bestandteil meiner Motivationsmethoden. Du wirst mit der 3WegStrategie feststellen, dass du dich damit noch effektiver motivieren kannst.

Jetzt habe ich dir einiges von mir und dem Buch erzählt, aber nun einmal zu dir. Wie geht es dir denn so mit der Umsetzung von deinen Ideen? Gehörst du eher zu den Menschen, die zu viele Ideen auf einmal haben, oder zu wenige? Kommst du gleich einmal ins Handeln, oder musst du eine Sache erst analysieren und verstehen, um dann ins Handeln zu kommen? Hilft es dir, wenn du eine Karotte vor das Pferd spannst, oder brauchst du erst einmal ordentlich Druck, damit du mit etwas anfängst oder zu Höchstform aufläufst? Kennst du auch solche Gedanken wie „Ich will ja, aber ich kann nicht. Ich sollte und müsste eigentlich, …!" - lauter Phrasen, die nicht wirklich entlasten. Eigentlich belastet man sich damit mehr, als man glaubt. Sie erzeugen damit einen gewissen Druck aufs Unbewusste.

> „Das Bewusste ist wie ein Boot, es schwimmt wie eine Nussschale auf dem Meer des Unbewussten. Es hilft uns dabei, dass das Bewusste darin schwimmen kann, gleichzeitig dauert es auch, bis es auf dem Meer neues Land entdecken kann. Das Unbewusste übernimmt gerne die Steuerung für die Nussschale". Siegmund Freud

Es ist erstaunlich, wie oft Menschen unter ihrer erlernten Hilflosigkeit leiden. Und gleichzeitig ist es auch verständlich. Einer der Gründe ist schlicht die Tatsache, dass der Mensch nicht nur lernt, sondern mit der Zeit auch einiges wieder verlernt. Oft weiß man nicht, wie man wo hinkommen soll, aber das ist ok. Wenn du zum ersten Mal nach Rom reist kennst du den genauen Weg noch nicht. Selbst wenn dir das Navigationsgerät den Weg anzeigt. Der Weg an sich ist trotzdem neu. Was auf dem Weg passiert wird das Navigationsgerät auch nicht anzeigen. Es könnten neue Chancen oder Risiken auftauchen. Es könnte sogar sein, dass du stehen bleiben, vielleicht sogar umdrehen musst. Vergiss eines nicht: In jedem Fall liegt es an dir, wie du mit so einer Situation umgehst und wie du darüber denkst. In diesem Buch findest du nützliche Werkzeuge, die dir weiterhelfen können. Verwende diese, denn damit geht einiges leichter. Du bekommst Werkzeuge in die Hand, mit denen du in der richtigen Sprache mit deinem Unbewussten sprechen kannst. Damit kannst du dein Leben besser steuern.

Bist du bereit, das umzusetzen, was du umsetzen willst? Bist du bereit, deine Ziele zu erreichen? Willst du deine Ideen und deine Lebensidee umsetzen? Ja? Dann bist du schon einen ersten Schritt gegangen. Sicherlich kennst du den Spruch: Wenn du immer das tust, was du schon immer getan hast, dann wirst du auch das gleiche herauskommen. Ich sage dazu: im besten Fall!

BONUS: Auf Seite 229 findest du einen Code. Dieser Code ist ein kleines Dankeschön für den Erwerb des Buches. Der Code ist ein geheimer Schlüssel der für dich sehr wertvoll sein kann. Würdest du einen € 50 Schein aufheben, wenn du einen findest? Auch wenn der Wert noch größer ist? Auf Seite 229 erfährst du, was es mit diesem Code auf sich hat, wie er dir womöglich sehr wertvollen Dienst leisten kann und warum dieser Schlüssel so besonders ist. Gehe jetzt bitte auf Seite 229 und hol dir das kleine Dankeschön ab. Anschließend geht es weiter mit dem Betriebssystem auf der nächsten Seite.

Betriebssystem

Ein Betriebssystem ist gewissermaßen der Rahmen, in dem Programme installiert werden. Mit gewissen Programmen kannst du Zielbilder ausdrucken. Wenn das Zielbild fertig ist, hast du es in den Händen und dein Ziel erreicht. Bestimmte Programme, die im Hintergrund ablaufen, ermöglichen das. Diese werden aus individuellen Programmcodes aufgebaut. Du brauchst dafür auch Programme, die einwandfrei laufen. Damit du solche Programme codieren kannst, erhältst du eine Anleitung. Eine Idee ist noch kein Ergebnis. Das persönliche Betriebssystem hilft dir dabei, aus Ideen Ergebnisse zu machen.

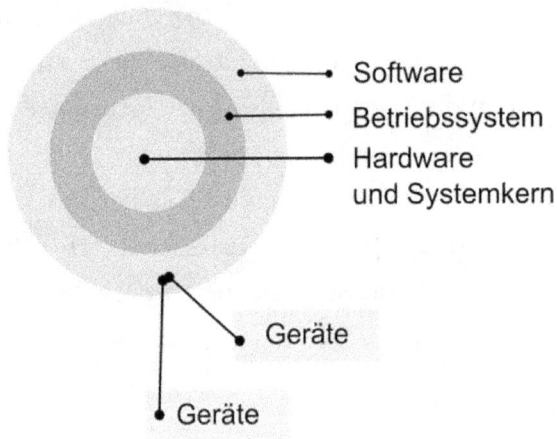

- Software
- Betriebssystem
- Hardware und Systemkern
- Geräte
- Geräte

Abbildung 2: Betriebssystem im Kopf

Wenn du deinen Computer startest, was passiert dann? Der Computer spult seine „Startroutinen" ab, erwacht quasi aus dem Tiefschlaf und startet das Betriebssystem. Auf dem Betriebssystem sind zahlreiche Programme installiert, die dich durch den Tag begleiten. Du möchtest mit jemandem kommunizieren? Gut, dann starte das Emailprogramm. Hier kannst du nach bestimmten Regeln kommunizieren. Die Software wurde eigens dafür programmiert. Auf einem Betriebssystem sind sehr viele Programme installiert. Es werden laufend neue hinzugefügt und neue programmiert. Viele werden ganz bewusst installiert. Etliche werden installiert, ohne dass es dir bewusst ist. Im Detail wissen wir auch nicht, was in so einem Programm alles abläuft. Irgendwie funktioniert es trotzdem. Ob es immer zu unserer Zufriedenheit funktioniert, ist eine andere Frage. Häufig kommt es bei einer Software auch zu neuen Updates. Diese erweitern die Möglichkeiten einer Software. Neue Fähigkeiten sind gefordert, mitunter auch neue Verhaltensweisen (früher musste man Druckerkabel anschließen, heute geht es schon über Funk – also einer anderen Funksprache). Mit gewissen Programmfunktionen kannst du sicherlich ganz einfach umgehen, einige sind völlig neu, andere so unverständlich, dass du damit noch nichts anfangen kannst. Du hast dann die Wahl: du kannst lernen oder nicht. Selbst wenn du nicht verstehst, was im Programm abläuft, oder was du gerade tust: Sobald du eine gewisse Taste drückst, läuft im Programm eine Routine ab, die diese Aktion verarbeitet. Früher oder später „befiehlst" du dann ganz bewusst dem Programm: „Output erzeugen über den Drucker!" Und somit wird klar kommuniziert: Sender an Empfänger, Aktion gestartet, Reaktion erwartet.

Genauso ist es mit unserem Denken. Auch wir haben ein eigenes Betriebssystem. Es wurde schon früh in uns installiert und vor der Geburt programmiert. Bei der Geburt fährt unser System offiziell hoch und aktiviert unser Betriebssystem. Nun ist es bereit, neue Programme aufzunehmen. Das Betriebssystem selbst wird auch immer wieder neu programmiert. Im Laufe der Zeit werden zahlreiche Programme installiert. Das System wird immer mehr erweitert. Programme, Systeme werden installiert und umprogrammiert. Denk an deine Kindheit. Welche Fähigkeiten fallen dir da ganz spontan ein, was alles erst neu programmiert werden mussten? Laufen, Sprechen, Schreiben… Genauso wie beim Computer sind zahlreiche Programme installiert, die wir selbst bewusst nutzen. Zahlreiche laufen im Hintergrund ab, ohne dass wir es bemerken. 90% unserer Prozesse laufen unbewusst ab, wie beim Computer, wir bekommen nur einen Bruchteil dessen bewusst mit, was tatsächlich verarbeitet wird

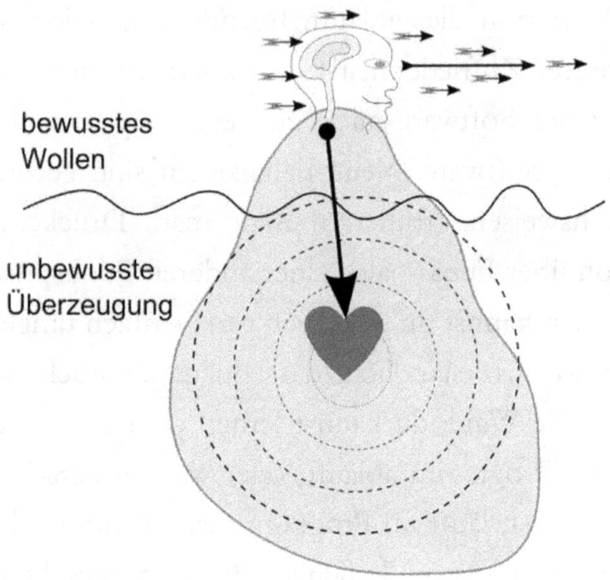

Abbildung 3: Überzeugung erfolgt unbewusst

Es gibt Befehle, die keinen Sinn ergeben. Mit der Zeit kann es passieren, dass so viele Programme installiert sind, dass man den Überblick verloren hat. Das System kann träge und überladen sein. Programme, die normalerweise funktionieren, laufen plötzlich nicht mehr. Es kann sein, dass gewisse Dateien oder Programme beschädigt sind und Funktionsfehler angezeigt werden. Gewohnte Reaktionen bleiben aus oder sind anders. Der Drucker verweigert den Ausdruck. Es kommt vielleicht auch vor, dass du völlig entnervt die Welt nicht mehr verstehst. Das Betriebssystem schreibt irgendeinen Fehler, mit dem du nichts anfangen kannst. Irgendwann einmal geht gar nichts mehr, Betriebsende. Du musst einen neuen Computer kaufen. Es kommt vor, dass hier wertvolle Informationen verloren gehen. Mit Hilfe unseres Systems installieren wir Virenprogramme. Programme, die unnötig sind, werden deinstalliert. Oft laufen aber solche im Hintergrund weiter, ohne dass wir es merken. Programme, die neu programmiert oder upgedatet werden müssen, werden installiert. Du lernst, die Mechanismen der Prozesse besser zu verstehen. Du erlangst die Fähigkeit eigene Programme zu programmieren. Dazu gehören aber auch das Fehler machen, das Lernen und Entwickeln. Nicht alle Programme produzieren dass, was wir haben wollen. Vielleicht laufen manche Programme nicht gleich oder auch nie. Wir programmieren auch Programmcodes mit Endlosschleifen, wir drehen uns im Kreis. Oft ist es so, dass wir erst dann einen externen Spezialisten holen, wenn gar nichts mehr geht.

Bevor wir nun weiter gehen, möchte ich dir einen kurzen Überblick über die weiteren Kapitel geben. Zunächst stelle ich dir einige Werkzeuge vor. Diese kannst du nutzen, um an deiner Persönlichkeit zu arbeiten. Du wirst erfahren, wie du Ziele anziehend und attraktiv formulieren kannst. Du selbst bestimmst die Stärke und Kraft des Magneten. Wie stark die Sogwirkung sein wird. Du wirst auch lernen einen Magneten wieder abzustellen. Das ist nützlich, wenn der Magnet zu stark geworden ist oder nicht mehr erwünscht wird. Immer mehr wirst du Zugriff auf dein volles Potential haben. Damit schaffst du dir das Leben, das du wirklich leben willst. Du wirst das Geheimnisse deiner eigenen Motivation und deines eigenen Antriebes entdecken und nutzen. Du wirst erstaunt sein, dass die Nussschale sprechen kann, und mit Begeisterung die Tiefe des Meeres kennen lernen. Du wirst angstfrei und begeistert tauchen lernen.

In Folge zeige ich dir, wie du die Werkzeuge einfach bedienen und praktisch nutzen kannst. Du programmierst dein eigenes Betriebssystem und wirst erstaunt sein, wie einfach es geht, sehr gute Programme zu schreiben. Du installierst dein persönliches Virenprogramm. Mit guten Codes und Regeln um eindringende Viren zu bändigen. Der Virenschutz wird dich vor Totalabsturz und weiterem unangenehmen Schaden bewahren. Du wirst lernen, wie du entscheidende Engpässe, Probleme und Hindernissen überwinden kannst.

Danach erfährst du, wie du deinen Weg effizienter und effektiver gestalten kannst. Wie du Feedback von außen und innen nutzt. Damit erkennst du, ob du noch auf dem richtigen Weg bist oder nicht. Du lernst ein eigenes Frühwarnsystem zu installieren. Und damit wird auch dein Unbewusstes mögliche Abweichungen rechtzeitig erkennen. Weiterer Punkt: Den Weg der Zielerreichung und den Erfolg genießen.

> Wir leben oft in der Vergangenheit oder in der Zukunft, aber zu wenig in der Gegenwart. Lebe jetzt! Stärke dich mit der Vergangenheit. Nutze die Kraft der Zukunft. Aber lebe jetzt!

Bevor du weiterliest, möchte ich dir das noch ans Herz legen. Das kann sehr nützlich sein, um im Sturm der Wünsche von anderen Personen, Institutionen, Dynamiken oder Umständen wie auch den Kräften der eigenen Triebe unterzugehen. Ich empfehle dir, das Buch mit einer offenen Einstellung zu lesen und die Anwendung der Werkzeuge zu beherrschen. Lernen erfordert mitunter auch eine gewisse Anstrengung. Hin und wieder ist es auch erforderlich sich anzustrengen, damit es früher oder später von alleine läuft. Wie wäre es, wenn du das erfolgreich umsetzen wirst, was du dir vornimmst? Nehmen wir mal an, das Buch ist ein System, das dir mehr Sicherheit dafür bietet, rascher und sicherer dort anzukommen, wo du hin willst? Was würde das für dich bedeuten?

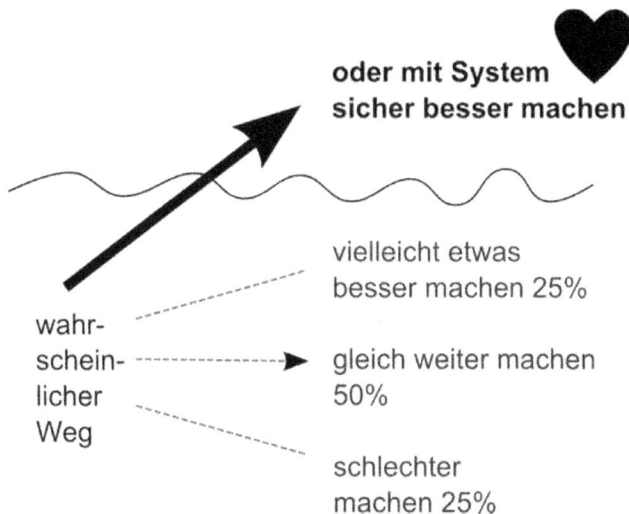

oder mit System
sicher besser machen

vielleicht etwas
besser machen 25%

wahr-
schein-
licher
Weg

gleich weiter machen
50%

schlechter
machen 25%

Abbildung 4: Vorteile eines guten Systems

Mit Hilfe dieses Buches wird es dir gelingen, einen Marathon bis über die Ziellinie zu laufen. Selbst wenn dir momentan schon nach 100 Metern die Puste ausgeht. Ein hoher Anspruch, gewiss, aber das muss er auch sein. Es geht immerhin um deine Zukunft. Ziel ist es, dass du ganz einfach mehr erreichst, schneller vorankommst, früher dein Ziel erreichst. Und vor allem, dass du auch dort ankommst, wo du ankommen willst. Voraussetzung dafür: Computer einschalten, das Betriebssystem aktivieren und Programme für Weg und Ziel installieren.

Einstellungssache

Eine Frau geht zum Arzt: „Herr Doktor, ich wiege jetzt 80 kg. Ich möchte abnehmen. Verschreiben Sie mir etwas das hilft!" Der Arzt sieht die Frau an, überlegt ein wenig und verschreibt ihr schließlich ein Rezept: „Machen Sie das eine ganze Woche lang, und dann kommen Sie wieder. " Die Frau schaut auf das Rezept und antwortet völlig entgeistert: „Aber Herr Doktor, ich möchte doch abnehmen! Warum soll ich jeden Tag etwas mehr essen als am Tag zuvor?" „Machen Sie es einfach, vertrauen Sie mir, tun Sie es einfach." Gut, dachte sich die Frau, das kann ich machen. Wenn es der Doktor sagt, dann wird es schon seine Richtigkeit haben. Und so geht die Frau nach Hause, und isst jeden Tag etwas mehr als am Tag zuvor. Nach einer Woche kommt sie mit 85 kg wieder. Der Arzt sieht die Frau an, überlegt ein wenig und verschreibt ihr wieder ein Rezept. „Kommen Sie in einer Woche wieder." Auf dem Rezept steht, dass die Frau noch mehr essen muss, jeden Tag wiederum etwas mehr. Toll, sagt die Frau, das macht Spaß! Essen war ihr Leben, Essen war das, was sie am liebsten tat. Also ging sie wieder heim und hielt sich streng an das Rezept. Bald hatte sie 90 kg erreicht. In der dritten Woche aber, da passierte etwas Außergewöhnliches: Schon am frühen Morgen fiel es ihr schwer, etwas mehr zu essen. Gegen Mittag noch schwerer und am Abend war es ganz und gar unmöglich, noch mehr zu essen. Am Tag darauf erging es ihr noch schlimmer, es kam schließlich soweit, dass sie gar keine Lust mehr hatte zu essen. Im Gegenteil, es fing sogar an grausig zu werden. Es ekelte sie vor dem Essen. Als sie das dann am nächsten Tag dem Doktor mitteilte, lächelte er. „Gut, dann sind wir jetzt soweit. Jetzt können wir starten". Und der Arzt verschrieb ihr eine Diät, mit der sie in Folge dann so gelernt hatte sich zu ernähren, dass sie die restliche Zeit ihres Lebens bei durchschnittlich 60 kg auf der Waage stehen blieb. Aus Schmerz wurde Freude und aus Freude Schmerz.

Ein Mann kommt zum Doktor. Er will abnehmen. „Herr Doktor, verschreiben Sie mir etwas. Aber kommen Sie mir bloß nicht mit Sport oder einer Diät, ich brauche etwas, das einfach und leicht ist, aber auch sehr wirkungsvoll!" Der Arzt sieht den Mann an, überlegt ein wenig und verschreibt ihm schließlich ein Rezept:" Machen Sie das eine ganze Woche lang, und dann kommen Sie wieder. „ Der Mann schaut auf das Rezept und antwortet völlig entgeistert: "Aber Herr Doktor, ich möchte doch abnehmen! Warum soll ich jeden Tag eine Minute Fitnessübungen bei der Sportsendung machen?! Das bringt doch gar nichts!" „Machen Sie es einfach, vertrauen Sie mir, tun Sie es einfach." Gut, dachte sich der Mann, das kann ich machen. Wenn es der Doktor sagt, dann wird es schon seine Richtigkeit haben. Und so geht der Mann nach Hause, und macht jeden Tag eine Minute Sport vor dem Fernseher. Nach einer Woche kommt er wieder. Der Arzt sieht den Mann an: „Und, wie war es?" „Toll! Das war ja ganz einfach!" Der Arzt überlegt ein wenig und verschreibt ihm wieder ein Rezept. 2 Minuten Sport täglich vor dem Fernseher. Der Mann denkt ein wenig nach, 2 Minuten, das ist ja fast so wenig wie 1 Minute, das geht leicht. Es dauerte nicht allzu lange, da fing der Mann damit an, jeden Tag 1 Stunde Sport zu machen. Zuhause, draußen, im Fitnessstudio, egal wo, er machte es einfach.

Du hast sicherlich bemerkt, was sich verändert hat: die Einstellung zum Leben. Vielleicht kannst du dir nicht vorstellen einen ganzen Marathon zu laufen. Wenn du es dir vornimmst, dann kannst du es aber auch schaffen. Wahrscheinlich kannst du jetzt schon erahnen, welche Möglichkeiten dir damit gegeben werden, früher oder später wirst du es realisieren.

Im Buch kommen immer wieder Übungen vor und diese sind sehr wichtig. Wie viele du davon machst, kann für deinen weiteren Erfolg entscheidend sein. Arnold Schwarzenegger hat einmal gesagt, dass Wachstum beginnt ab der 11. Wiederholung. Wenn du nur 10 machst, dann wirst du nicht wachsen. Mach 11, damit wirst du kräftiger. In diesem Sinne beantworte diese wichtige Frage - willst du

- ❑ 20% Erfolg (Spaß, Glück, Freude, Gesundheit…),
- ❑ 50% Erfolg oder
- ❑ 100% Erfolg haben?

Du wirst nur dann wirklich weiterkommen, wenn du 100% Einsatz zeigst. Wenn du beim Kochen nur die Hälfte der Zutaten nimmst, was wirst du dann bekommen? Wenn du den Tank nur halb voll machst, wie weit wirst du fahren können, die ganze Strecke? Sehr oft weiß man nicht ganz genau, was die Ursache des Erfolges ist. Ein Erfolg hat mehrere Ursachen, manche sind bekannt, manche nicht. Eine Idee, die du nicht umsetzt, kann deine Zukunft trüber aussehen lassen. Eine nicht ausgearbeitete Frage kann deinen Erfolg trüben. Ich weiß, manchmal sind es vermeintlich „sinnlose" Dinge, und trotzdem, gerade auf die kommt es oft an.

📖 Sobald du dieses Zeichen siehst, nimm einen Stift in die Hand und fülle die einzelnen Punkte bitte vollständig aus. Wenn du das tust, dann zeigst du deinem Unbewussten, dass dieser Punkt dazu gehört und alles, was du mit deinem Zielen in Verbindung bringst, wichtig ist. Jeder Teil der fehlt, ist ein fehlender Ziegelstein in deinem Haus der Ziele. Ein Ziegelstein der fehlt kann schon die Heizkosten ins Unermessliche steigen lassen. Wenn zu viele fehlen, wird das Haus zusammen brechen. Welcher Teil dafür verantwortlich ist, wird man nicht genau sagen können.

In diesem Buch werden unterschiedliche Werkzeuge für unterschiedliche Zwecke eingesetzt. Es ist wichtig, dass du selbst lernst, wann du welches Werkzeug verwenden sollst. Werkzeuge können in einem Bereich Veränderung herbeiführen. Wenn diese aber in einem falschen Bereich verwendet werden, dann sind sie wirkungslos. Stell dir vor, du möchtest einen Nagel in die Wand schlagen. Du hast eine Säge und einen Hammer. Welches Werkzeug wirst du nehmen?

Die Werkzeuge sind stabil und können öfters verwendet werden. Du kannst sie immer wieder benutzen. Du kannst damit etwas reparieren, etwas Neues zu bauen, etwas bereits Vorhandenes verbessern oder erneuern. Mit diesem Buch erhältst du auch eine Anleitung, wie du diese Werkzeuge verwenden kannst. Diese Werkzeuge helfen dir eine Zukunft zu schaffen, nach der du dich sehnst. Du kannst damit die Ressourcen aktivieren, die dafür notwendig sind. Je besser du mit den Werkzeugen umgehen kannst, desto mehr Spaß wirst du haben und desto mehr wirst du damit erreichen.

Die Reihenfolge des Buches ist bewusst gewählt, am besten gehst du einen Punkt nach dem anderen durch. Wenn für dich ein folgender Punkt aber von großer Bedeutung ist, dann fang ruhig damit an.

Wir sind heutzutage mit einem Wandel in der Wirtschaft und Gesellschaft konfrontiert, der eine gewisse Unsicherheit, Komplexität und Veränderung in sich birgt. In einigen wenigen Jahren wird einiges nicht mehr so sein wie heute. Wie es sein wird, das wissen wir im Augenblick noch nicht. Aber gerade das ist auch der Grund, warum eine gute Strategie so wichtig ist. Der Zweck eines Unternehmens ist zweifelsohne genügend Kunden zu haben. Kunden, die auch den Wert unserer Leistung so entlohnen, dass wir mit diesem Lohn unser eigenes Leben finanzieren können. Wenn das Geld nichts mehr wert ist, dann tausche Leistung gegen Fleisch, Fisch oder Salat - was auch immer morgen sein wird, die Strategie soll uns dazu verhelfen, dass wir heute und morgen überlebensfähig sind. Eine gute Strategie gibt Sicherheit, ist offen für Veränderungen und regt an, sich zu bewegen. Stillstand ist auch okay, wenn er zum Beispiel ganz bewusst gewählt wird, um sich zu erholen. Ein guter Stratege hat das Tagesgeschäft im Griff und nimmt sich auch Zeit, das Geschäft und die Aktivitäten zu hinterfragen.

Ich will hier nicht den Begriff Strategie neu definieren. Ziel ist es eine gewählte Strategie umsetzungsfähig zu machen. Der Rahmen umrahmt ein Bild. Ein Bild, das einen Prozess integriert, der umgesetzt wird. Es baut auf bewährte wissenschaftliche Grundlagen genauso auf, wie auf diese oder jene Methode, die vielleicht (noch!) nicht wissenschaftlich nachgewiesen ist, die Tauglichkeit in der Praxis bewiesen hat. Durch das Tun kommt der Praxisbezug zustande. Was nützen viele theoretisch unglaublich tolle Bücher, wenn sie in der Praxis nicht umgesetzt werden können? Traue dir ruhig einiges zu. Fehler machen ist erlaubt, mitunter sogar sehr wichtig, um zu lernen, um etwas zu erreichen. Menschen wollten nach Asien und landeten in Amerika. Menschen wollten nach Amerika, und landeten in Asien. Wenn diese ihre Ziele stur verfolgt hätten, was wäre dann passiert? Was hätte man dann versäumt? Wenn alles so perfekt laufen würde, wie geplant, was würde man dann versäumen? Ich denke, unser heutiges Leben ist mit denen der Seefahrer vergleichbar. Vielleicht war es gefährlicher, vielleicht waren diese wagemutiger, aber auch sie hatten mit Zielen, Wegen, Abwegen und all dem zu tun, womit der heutige Unternehmer und Mensch auch konfrontiert wird.

Starten wir mit einer kleinen Reise

Stelle dir vor, du bist auf dem Weg in den Urlaub. Die Abreise steht unmittelbar bevor. Es ist ein ganz besonderer Urlaub. Du reist in ein unbekanntes Land. Du weißt nicht, was dich erwarten wird. Du denkst Tag und Nacht an diese Reise. Der Wunsch, dorthin zu fahren, ist größer als die Angst vor dem Unbekannten. Wie wirst du diese Reise angehen? Jeder Mensch wird so eine Reise etwas anders planen. Der eine geht ins Reisebüro und informiert sich. Andere lesen Bücher. Das Internet liefert Bilder, Videos und Berichte. Auch wenn du nicht einfach drauf los fahren wirst, eines ist klar: Das Land, das du betreten wirst, ist Neuland für dich. Es ist nicht vergleichbar damit, wie es andere erleben. Es wird nicht so sein, wie anderswo, wo du schon warst. Es werden neue Sachen passieren. Du wirst neuen Menschen begegnen. Es wird ganz bestimmt anders sein, als erwartet.

Egal ob es sich um deine Urlaubsreise handelt, deine persönliche Lebensreise oder der „ganz normale" Alltag daher kommt - meistens ist es anders als geplant. Irgendetwas Unvorhersehbares kommt immer daher. Gewisse Dinge, Umstände, Verhaltensweisen von Menschen, verändern sich. Die Märkte, die Menschen und die Gesellschaft sind in Bewegung. Bewegung heißt Veränderung. Veränderung ist Wandel. Ein Wandel bringt viel Neues mit sich. Neues ist in diesem Kontext unbekannt. Neues erzeugt oft Angst. Vieles, was jetzt passiert, wird in der Zukunft mehr oder weniger anders sein. Im

Augenblick spielt es eigentlich gar keine große Rolle, ob du glaubst, dass diese Reise so sein wird, wie erwartet. Ob sie schon einigermaßen bekannt ist oder ob es etwas völlig Neues sein wird. Ob du ein mulmiges, schlechtes, gutes oder sehr gutes Gefühl hast. Der Urlaub steht vor der Tür. Die Frage ist, kannst du so ohne weiteres fahren? Gibt es davor noch einiges zu erledigen? Weißt du vielleicht gar nicht, ob es sich zeitlich überhaupt ausgeht? Wir sind jetzt einmal ganz mutig, wir lassen diese Fragen vorerst beiseite und starten einfach mit der Reiseplanung.

Ich möchte dir dabei helfen, deine Ziele zu verwirklichen. Deine Ideen umzusetzen. Aus diesem Grund starten wir ein Projekt: Wir planen einen idealen Urlaub. Wir lernen dabei Funktionsweisen von Werkzeugen kennen. Wir bauen damit erste Brücken in der Kommunikation zwischen dem Bewussten und dem Unbewussten und - wenn du dich früher oder später einmal belohnen möchtest, warum nicht gleich mit einem außergewöhnlichen Urlaub? Du darfst auch so denken, denn Urlaub ist wichtig. Er ist gut für Erholung, Entspannung, Kraft tanken, neue Energien holen und du kannst dich hier voll und ganz anderen Dingen und Personen widmen, als im beruflichen Alltag. Das ist für dich auch sehr wichtig.

Der Urlaub wird der Megahammer-Urlaub sein - nein, noch besser: es wird ein so unglaublich toller Urlaub, dass du ihn nie vergessen wirst. Alleine die Gedanken daran werden ein Meer von Glücksgefühlen aufkommen lassen. Du wirst deine „das will ich einmal erlebt haben Skala" sprengen und vor lauter Glück weinen. Und alle Menschen, die du dabei haben willst, werden mitkommen. Und sie alle werden ebenso total begeistert sein. Generationen nach dir werden von diesem Urlaub erzählen und die Zuhörer werden ins Schwärmen kommen. Und jetzt, jetzt planen wir einen Urlaub, der alle Sorgen vergessen lässt. Der dir so viel Kraft und Energie gibt, dass du dein Leben danach so lebst, wie du es leben willst. Bedenke jetzt eines: Du bist ein ganz besonderer Mensch. Du bist einzigartig und ein Geschöpf Gottes. An welchen

Gott du auch immer glaubst, Er/Sie steckt in dir. Wenn du an keinen Gott glaubst, dann bist du trotzdem ein Wunder der Natur. In dir stecken unheimlich viele Kräfte, Fähigkeiten und Möglichkeiten. Möglichkeiten, die dir offen stehen. Kräfte, auf die du zurückgreifen kannst. Fähigkeiten, die es dir jetzt ermöglichen, den besten Urlaub zu planen, den du je hattest. Du kannst deinen Gedanken freien Lauf lassen. Dieses Buch ist dein Zeuge, und wenn du es sonst keinem erzählen möchtest, dann bleibt es auch dein Geheimnis. Alle Mächte des Lebens und des Universums sind nun bei dir. Bedenke eines, es ist nicht ein gewöhnlicher Urlaub, es ist dein Leben. Bist du bereit? Ja, dann los!

📖 Plane deinen Traumurlaub.

Aufgabe: Überlege dir, wie dein Traumurlaub aussieht und wie du danach dein Leben gestalten wirst. Lebe ab sofort wie nach dem Urlaub und lege einen Termin für deinen Traumurlaub fest.

❶ Beschreibe ausführlich deinen absoluten Mega-Traumurlaub.

❷ Warum ist dieser Urlaub so unglaublich toll?

❸ Stell dir vor, du hast deinen Traumurlaub realisiert und bist nun mitten in einem unglaublich schönen Moment. Was erlebst du hier? Was fühlst du? Was denkst du. Beschreibe mit allen Sinnen: was siehst, hörst, denkst du? ‚Was sagst du zu dir? Wie fühlst du dich und was spürst du? Wo in deinem Körper fühlst du was?

❹ Stell dir nun vor, du bist 100 Jahre alt und hast diesen Traumurlaub gemacht. Der Urlaub gibt dir so viel Kraft und Energie, dass du dein Leben danach neu gestaltest. Wie wird das Leben nach diesem Traumurlaub weiter verlaufen?

❺ Du kannst dein Leben nach dem Urlaub neu gestalten. Du kannst jetzt schon so leben. Was wirst du verändern und neu gestalten? Nicht mehr machen? Anders machen? Verstärkt machen? To do:

Damit du eine Reise machst, das diesem Ideal entspricht und diese Lebensreise ganz nach deinem Wünschen abläuft, dafür wurde dieses Buch geschrieben. Es spielt dabei keine Rolle, wie die Umstände gerade sind oder sein werden. Was alles eingetroffen ist oder passieren wird, was nicht geplant war. Welche völlig unerwarteten Situationen eingetreten sind oder passieren werden. Egal, wo du jetzt stehst: Mit Konzept, ohne Konzept, am Anfang der Reise, mittendrin, am Ende der Reise. Du kannst diese Reise machen. Und du darfst vor allem eines machen: Das Leben danach so gestalten, dass du im hohen Alter so einen Brief schreiben wirst. Weil das Leben so toll war und du diese Erfahrung unbedingt weitergeben musst. Vielleicht schreibst du diesen Brief dann schon früher. Du kannst ihn ja jetzt schon schreiben. Lebe dein Leben und du wirst erstaunt sein, was alles möglich ist.

Bevor du nun weiterliest, eine Frage an dich: „Hast du einen Stift in die Hand genommen und hast du alle Fragen beantwortet? „Weißt du, dass 80% der Menschen, die dieses Buch in den Händen halten, diese Fragen nicht schriftlich ausarbeiten werden? Nicht, weil die Fragen so langweilig sind. Oder vielleicht sinnlos wären. Hier wird ein Gesetz zum Tragen kommen, nämlich das Pareto-Prinzip. Das ist ein Muster vorhersagbaren Ungleichgewichts, nach der 80/20-Regel. Es besagt zum Beispiel, dass 20% der Menschen 80% x erzeugen, erreichen, haben, tun. Somit tun 80% es nicht, 20% schon. Die, die zu den 20% gehören, sind aber gleichzeitig auch die, die „es" haben. Die glücklich sind. Die das Leben ihrer Vorstellungen leben. Die über ihre Grenzen hinausgehen, um Neues zu lernen. Das Pareto-Prinzip ist auch deswegen so bemerkenswert, weil dieses Gesetz universell ist. Darum dieser Appell: Mach es einfach. Falls du die Fragen noch nicht schriftlich ausgearbeitet hast, dann hast du jetzt nochmals die Chance, aus der 80%-Gruppe auszusteigen und zur Spitzengruppe aufzuschließen. Beantworte die Fragen gewissenhaft. Es ist auch ein Training um für den „Ernstfall" gewappnet zu sein. Du weißt selbst, was am besten für dich ist. Nimm dir die Zeit, denk nach und tue es dann einfach. Damit kannst du kräftig und nachhaltig Veränderungen, Vorsätze, Ziele oder Problemlösungen vorantreiben. Es wird zu einer unglaublichen Dynamik kommen, die du dir jetzt vielleicht noch gar nicht vorstellen kannst. Früher oder später wirst du den Turbo zünden und aufs Ziel geradewegs hinsteuern. Ich möchte es dir ganz einfach nahe legen, denn es geht um eine ganz wichtige Person. Es geht um dich. Mach mehr aus dieser Reise, denn es ist deine Reise. Und diese Reise ist sehr wertvoll und wichtig. Ich möchte dich dabei unterstützen, damit die nächsten Schritte passen, passieren und erfolgreich sind. Denn, wir reden von der Reise deines Lebens! Dieses Buch richtet sich an dich, du, der einen entscheidenden Schritt in die Richtung macht, der dich deinen Zielen näher bringt.

Was hast du dir im letzten Jahr alles vorgenommen, und was hast du tatsächlich umgesetzt? Vielleicht erinnerst du dich an dieses und jenes, was du unbedingt erreichen, umsetzen wolltest – eben, wolltest. Knapp vorbei ist auch vorbei und meistens passiert nicht alles von selbst. Womöglich ergeht es dir genauso, wie vielen anderen Menschen: du hast dir mehr vorgenommen, als du tatsächlich erreichen wolltest. So manch einer kommt womöglich sogar zu dem Schluss, dass sich eigentlich so gut wie gar nichts verändert hat.

Du hast dir wahrscheinlich zu viel oder zu wenig vorgenommen, das tägliche Geschäft wird täglich mehr oder weniger, aber das, was du alles umsetzen wolltest, dazu hattest du keine Zeit. Du bist beschäftigt mit vielen Dingen, aber eben nicht mit den großen Plänen, die du vorhattest umzusetzen. Es geht nicht darum, alle Ideen umzusetzen. Es geht um die wichtigsten. Es geht um deine Lebensideen.

Passiert dir folgendes auch des Öfteren?

B (Bewusstes): Idee! Das wäre gut. Das müssen wir machen. Das werden wir machen!

U (Unbewusstes): OK. Dann starten wir! Ich bin bereit. Die Synapsen für den neuen Weg sind bereit, die Erweiterung unserer Nervenbahnen ist geöffnet, es kann losgehen.

… B wartet ab: …

U: Na? Was ist nun?

… B wartet ab: …

U: Hmm. Wir schließen einmal die Synapsen. Wir warten auf weitere Befehle.

… B wartet ab: …

U: Hallo!?

B: Ahh, ja, ich weiß, das sollte ich auch noch machen. Hallo, ja, wer spricht da, okay, ich bin gleich da. Ja, sicher, ich fahre gleich weg…

U: Hallo Synapsen, ja, ok, bitte in Wartestellung verbleiben, Energiemodus etwas reduzieren, damit wir es nicht vergessen. Ja, aber wir werden das neue Projekt nicht starten. Nein, die Veränderung muss warten. Keinen Kraftaufwand mehr betreiben, aber im Energiesparmodus verharren und gelegentlich daran erinnern. Ja, danke für Eure Bemühungen. Bereitschaft beenden.

So in etwa läuft vielleicht eine Kommunikation in unserem Hirn ab. Unser Unbewusstes ist bereit etwas Neues zu lernen, aber gewisse Teile unseres Denkens sind es nicht. Und je länger wir darauf warten, etwas zu tun, desto unwahrscheinlicher wird es, dass wir jetzt damit starten. 24 bis 72 Stunden Zeit gibt uns unser Unbewusstes, dann ist Bereitschaft und Aktivierung der höchsten Umsetzungslevels beendet. Wir werden es nicht tun. Übrig bleibt ein schaler Nebengeschmack, die Erinnerung, schlechte Gefühle, Gedanken, die irgendwann einmal wieder kommen oder auch nicht. Das Unterbewusstsein wartet oft vergeblich auf weitere Inputs. Damit haben wir den wichtigen Umsetzungsteil der 90% der Energie, die notwendig und verantwortlich gewesen wäre für die Veränderung, zwar aktiviert, das alleine genügt aber nicht.

Es ist im Grunde nicht schwierig, jeder Mensch kann es, doch die Brücke zum Umsetzen, die muss zwischen dem Bewussten und dem Unbewussten gebaut werden. Daran scheitert es meistens. Aber die gute Nachricht ist, diese Brücke kann relativ einfach gebaut werden. Freue dich darauf.

Vielleicht gehörst du zu den Menschen, die gar keine Pläne haben. Und wenn du Ziele, Strategien, Ideen im Kopf oder in einem Konzept versteckst, dann werden diese auch dort bleiben. Wenn es darauf ankommt, haben wir oft keine Zeit. eine ganz „beliebte" Ausrede ist: „Jetzt geht es nicht!" Jetzt? Wenn nicht jetzt, wann dann? Seien wir doch einmal ehrlich zu uns selbst: Hin und wieder steht uns die eigene Bequemlichkeit, die eigene Persönlichkeit im Weg. Egal ob es intern abläuft oder von extern kommt. Der Trieb, von äußeren Reizen stimuliert, folgt seiner selbst – rasche Befriedigung des Triebes. Studien auf der ganzen Welt kommen immer wieder auf das Resultat: 9 von 10 Ideen werden nicht umgesetzt, 9 von 10 Strategien ebenso wenig. Das Ergebnis dieser Gedanken, meiner eigenen Erlebnisse, aber auch die Erfahrungen bei meinen Kunden haben zu diesem Buch geführt. Es ist mehr als ein Buch, es ist praxisoptimiert und ergebnisorientiert, sozusagen ein Arbeitsbuch für den täglichen Gebrauch.

Es eignet sich für den kurzfristigen wie auch langfristigen Einsatz. Es ist eine praxisorientierte Anleitung und gleichzeitig auch ein Arbeitsbuch. Zweck: Erreiche mehr als normalerweise. Gleichzeitig dient es auch als wertvolle Unterstützung für die langfristige Zielerreichung: das erreichen, was du dir vorgenommen hast. Wie du das umsetzen kannst, was du erreichen willst. Selbst unrealistische Ziele können früher oder später realisierbar sein (Anmerkung: realistische und unrealistische Ziele haben unterschiedliche Zwecke, siehe dazu später). Das Buch dient dem Erreichen der Ziele, dem Lösen der Probleme. Damit du einen entscheidenden Schritt weiter kommst. Was ist die wichtigste Reise? Es ist deine Lebensreise. Diese Reise ist von allen die bedeutendste Reise. Es ist deine persönliche Lebensreise. Nun können wir etwas Verrücktes tun: Nehmen wir uns einfach die Zeit und buchen jetzt deine Lebensreise! Starte einfach jetzt. Ich erlaube mir, mich vorzustellen: mein Name ist Markus Robinigg, ich bin dein Reisebegleiter.

Bevor du fortfährst, möchte ich dich noch einmal fragen: Gehörst du zu den 80%, die bis dato noch Nichts oder nur halbherzig die Fragen ausgefüllt haben, oder zu den 20%, die aktiv geworden sind und alles vollständig ausgefüllt haben? Wenn du schon zu den 20% gehörst, gratuliere ich dir, mach weiter so! Wenn du noch bei den 80% dabei bist, dann höre jetzt mit dem Weiterlesen auf. Gehe noch einmal zu den Fragen zurück, und arbeite sie jetzt aus. Es ist nie zu spät, und jetzt ist die beste Gelegenheit, zu starten. Ich will nicht nerven, wenn es nicht so wichtig wäre.

Systeme erleichtern das Umsetzen

Kennst du das: du liest ein Buch zum wiederholten Male. Plötzlich fallen dir Sachen auf, die dir zuvor entgangen sind. Warum ist das so? Während du ein Buch liest wird diese Information gefiltert. Das ist sinnvoll, denn sonst prasseln zu viele Informationen auf dich ein, die dein Hirn nicht verarbeiten kann. Diese Filter sind programmiert durch Glaubenssätze, Überzeugungen, Werte, Fähigkeiten und auch Ziele. Wenn sich hier etwas ändert, ändern sich auch die Filter. Ein kleines Beispiel kann dir zeigen, wie es funktioniert. Schau dich im Raum 30 Sekunden lang um. Anschließend nennst du mir 10-20 Dinge die grün

sind. Schau auf die Uhr und los geht es. Deine Auswertung: Im Raum ist …
grün und … - auf wie viele grüne Dinge bist du gekommen?

Nun schließe die Augen und sage mir, was rot ist! Und Augen zu!

Du hast es sicherlich gleich gemerkt, dein Filter war für grün eingestellt. Du
hast nach grünen Dingen gesucht. Vielleicht hast du ein paar rote noch im
Kopf, aber bestimmt einige weniger als grüne, oder? Wenn ich dich
aufgefordert hätte, nach roten zu suchen, was hättest du dann alles gesehen? So
ist es mit den Zielen und dem Unbewussten. Ziele erfüllen noch weitere
wichtige Aufgaben. Einen Überblick über die derzeitige Lage zu haben hilft dir
genauso weiter, wie eine Strategie. Damit weißt du, was du tun wirst. Es gibt dir
Sicherheit und du nützt erst dadurch einige wichtige Fähigkeiten deines
Unbewussten. In diesem Buch wirst du noch mehr dazu erfahren.

IZW ist die Abkürzung für Ist Ziel Weg.

Unser Hirn verarbeitet Informationen in Bildern. Mit IZW kannst du eine
Verbindung zwischen den Ist- und Zielbildern herstellen. Du baust damit
Brücken, die dein Unbewusstes braucht. Damit führt dich das Unbewusste zu
den Zielen. In die IZW Methode fließt die engpasskonzentrierte Strategie EKS
nach Wolfgang Mewes und zum anderen das neurolinguistisches
Programmieren, kurz NLP genannt, ein. Betriebswirtschaftliche und
psychologische Lehren, Werkzeuge und Gedanken sind ebenfalls vorzufinden.
Es verknüpft Leistungsgedanken mit Visionen und Entspannung. IZW ist ein
ständiger Prozess und nutzt Lernschleifen mit Feedback. Es ist ein
Navigationssystem, das dir hilft, dich zu den Zielen hin zu bewegen.

Vorannahmen sind Überzeugungen, die von erfolgreichen Menschen,
Methoden und Vorbildern gelebt werden. Was auch immer deine
Überzeugungen sind, du hast stets Recht. Entweder du erreichst dein Ziel oder

du hast Gründe für einen Misserfolg. Gründe sind nichts anderes als Entschuldigungen und Rechtfertigungen. Wenn jemand sagt, es wird nicht funktionieren, dann hat er meistens Recht. Es funktioniert nicht. Um Recht zu behalten tun wir oft absurdeste Dinge. Wenn du merkst, dass du einen Grund für das Nichterreichen hast, dich rechtfertigst und entschuldigst, dann frage dich: „Hilft mir das weiter, meine Ziele zu erreichen?" Du wirst feststellen, dass dem nicht so ist, also probiere etwas anderes aus um das Ziel zu erreichen. Menschen die ihre Ziele erreichen, beherzigen ihre Vorannahmen. Damit fokussieren sie sich auf Erfolg. Sie nehmen die Umsetzung in Angriff und machen solange weiter, bis sie das Ziel erreicht haben. Wenn du mit folgenden Überzeugungen so handelst, als würden diese Vorannahmen zutreffen, machst du sie selbst wahr. Mit ihrer Hilfe kannst du deine Umsetzungskompetenz verbessern.

- Du kannst jederzeit den Weg selbst bestimmen. Tust du es nicht, bestimmen andere deinen Weg.

- Wähle einen anderen Weg wenn du dich rechtfertigen musst. Die Dynamik des Lebens erschwert oder fördert deinen Weg. Auftretende Hindernisse sind Engpässe, die du beseitigen kannst. Hindernisse können im Bereich der Kunden, außerbetrieblichen, innerbetrieblichen oder persönlichem Umfeld wie auch in deiner eigenen Persönlichkeit auftreten. Ängste, Probleme, Hindernisse, Stolpersteine und Engpässe können dazu führen, dass die Zielerreichung erschwert oder sogar unmöglich gemacht wird. Wenn du nicht weiterkommst, wähle einen anderen Weg.

- Die Anziehungskraft von langfristigen Zielen entfaltet dann ihre größte Wirkung, wenn sie stark motivierende Merkmale beinhaltet. Das trifft zu, wenn die Anziehungskraft größer ist, als die einwirkenden Kräfte von Ängsten, Problemen und Hindernissen.

- Wenn du die Kommunikation des Bewussten mit dem Unbewussten verbesserst, erreichst du mehr.

- Wenn du regelmäßig die Eignung deines Weges, die Anziehungskraft der Ziele und eine Standortanalyse durchführst, wirst du erfolgreicher umsetzen.

- Du optimierst und steuerst deinen Energiezustand, indem du aufmerksam den Betriebsmodus zwischen Leistung, Vision und Entspannung wählst. Wer zu lange in einem Betriebsmodus verharrt, kommt nicht weiter.

Mit diesem Buch kannst du ein strategisches Konzept erstellen. Erstellen heißt Schreiben. Nimm dir einen leeren Block, halte ihn stets bereit. Du kannst auch im Internet auf die Downloadseite gehen und dir dort das Arbeitsheft besorgen (Extraservice Arbeitsbuch). Das ist fix und fertig vorgedruckt und erleichtert dir die Verarbeitung. Außerdem kannst du auch die elektronische Form wählen und so das Konzept öfters überarbeiten, abspeichern, verändern und gestalten. Es geht um deine Zukunft, es geht um dich. Mach die Sachen ganz. Halbfertiges bringt keinen weiter.

Stelle dir vor, du stehst vor einem Spiegel. Wen siehst du dort? Wer ist diese Person? Ich sage es dir. Es ist die wichtigste und wertvollste Person in deinem Leben. Aber die Frage ist nicht, was ich sehe, sondern was du siehst. Wen siehst du? Machen wir eine kleine Zeitreise. Stell dir vor, du bist jetzt 88 Jahre alt geworden. Du hast heute Geburtstag. Eine dir sehr wichtige Person hält eine Rede. Was soll diese Person über dich sagen?

📖 Wer bist du?

Aufgabe: Geh zu einem Spiegel, schau 3 Minuten lang hinein und beobachte dich genau. Stell dir die Frage: Wer bist du? Gehe danach wieder zu deinem Platz zurück und beantworte die folgenden Fragen. Wenn du damit fertig bist, gehe noch einmal zum Spiegel, schau noch einmal 3 Minuten lang hinein und beantworte die Frage: Wer bist du?

❶ Beschreibe dich, wer du bist (Beruf, Privat, Gesundheit, Glaube, …)? Ich bin …

❷ Wie würden dich deine Freunde beschreiben?

❸ Was sollten sie sagen?

❹ Wer möchtest du gerne sein?

❺ To do:

Dieser Vergleich zeigt dir wahrscheinlich gewisse Lücken auf. Zwischen dem, was du gerne sein willst und dem, was du bist. Gehe mit dieser Auswertung zu 3 Personen und befrage diese dazu. Das ist Feedback. Es kann ernüchternd sein, es kann aber auch motivieren, es kann stärken und kräftigen. Eines darf es nicht: entmutigen oder depressiv machen. Vielleicht kommst du ja auch zu dem Ergebnis, dass diese beiden Bilder übereinstimmen? Wie auch immer, arbeite von nun an mit deinem Zielbild. Male es mit allen Sinnen aus, damit es stark und kräftig wird.

Du kannst natürlich auch zufrieden mit deiner Situation sein. **jetzt DU it** © heißt nicht, dass du fortwährend dem Optimierungswahn folgen musst. Du musst es nicht zur Perfektion treiben, aber du kannst dich vielleicht in diesem oder jenem Bereich verbessern. Wähle stets selbst, was zu tun ist. Du hast immer die Wahl und kannst etwas verbessern, anders machen, neu machen, gar nicht mehr machen, weiter machen.

Bevor wir fortfahren und immer mehr die Geheimnisse des Umsetzens lüften, möchte ich dir eines ans Herz legen. Wenn du dieses Buch in den Händen hältst, dann arbeite auch damit. Es ist dein Leben und das Leben deiner Liebsten hängt auch davon ab. Du bist in erster Linie für dich selbst verantwortlich, aber auch deiner Familie gegenüber. Darüber hinaus auch der Umwelt und der Gesellschaft. Jeder Schritt, den du machst, beeinflusst auch deren Leben.

Wenn einmal etwas nicht so läuft, wie du es dir vorstellst, dann lass dich nicht verschrecken. Misserfolge und ungemütliche Lebenslagen gehören dazu. Es geht nicht immer nur gut und steil bergauf. Hin und wieder läuft etwas auch ganz massiv schief. Vielleicht sogar sehr, sehr lange. Das kann aber auch heißen, dass du einfach etwas mehr Zeit brauchst. Mach das Beste aus deinem Leben. Je besser du damit umgehst, umso mehr kannst du es gestalten.

Nimm dir Zeit, auch wenn es im Moment nicht so günstig ist. Das ist die Ausrede Nr. 1. Es wird immer wieder etwas kommen, das nicht passt. Ich hatte einen Termin mit einer Firma und leitete einen Mitarbeiterworkshop. Einer von den Mitarbeitern sagte: „Der Facharbeitermangel ist hausgemacht. Wir brauchen Lehrlinge, dann können wir unseren Facharbeiter selbst ausbilden." „Ja", sagte ein anderer, „das stimmt, wenn wir vor 3 Jahren angefangen hätten, dann hätten wir jetzt schon einen Ausgelernten". Ja, so ist es. Wenn du heute anfängst, hast du in 3 Jahren das, was du haben willst. Wenn du morgen startest, dann wird es in 3 Jahren auch noch nicht so weit sein. Dann wirst du in 3 Jahren noch weniger Zeit haben. Weil du dann noch mehr Dinge machen musst, die noch weniger Spaß machen.

Stell dir vor, du lebst das Leben, das du haben willst. Stell dir vor, wie es sein wird. Auch wenn du im Augenblick vielleicht noch nicht so lebst, kannst du jetzt Schritte setzen, die dich dorthin bringen. Auch wenn du eine Übung schon einmal gemacht hast, mach sie noch einmal. Üben und trainieren ist für unsere Denkmuskeln sehr wichtig. Unser Hirn und die Zellen speichern Informationen als Bilder ab. Je öfter wir etwas denken und machen, umso kräftiger sind diese Bilder. Je mehr Gefühle bei diesen Bildern als Information mit abgespeichert werden, desto stärker sind diese Bilder. Starke Bilder sind anziehend für uns und für Andere. Unser Unbewusstes tut alles, um anziehende Bilder zu realisieren. Genauso geht es anderen Menschen. Auch für sie sind anziehende Bilder magnetisch. Der Kunde lässt sich von anziehenden Produkten und Leistungen begeistern.

📖 **Designe dein ideales Leben und verwirkliche es.**

Aufgabe: Designe dein ideales Leben und setzte es in der Realität um. Für die Zielerreichung verwende die Werkzeuge Wochenplan und PlusMinus Bilanz.

❶ Beschreibe eine ideale Arbeitswoche.

❷ Wie ist der ideale Arbeitstag?

❸ Wie ist das ideale Wochenende?

❹ Was musst du in welchem Bereich verändern, damit du das haben kannst, was du haben willst?

❺ To do:

Im Lern- und Entwicklungsprozess gibt es keine Abkürzungen und kein Schummeln. Kurzfristig kannst du dir womöglich Zeit sparen, wenn du diese oder jene Übung nicht machst. Langfristig betrachtet wirst du dann aber nicht das bekommen, was du haben willst. Die Lebensqualität wird schlechter sein. Klavierspieler wird man, man ist es nicht automatisch. Etwas „sein" setzt etwas „werden" voraus. „Werden" heißt etwas dafür tun. Viele der Übungen helfen dir dabei, besser und effektiver mit deinem Unbewussten zu kommunizieren. Es ist eine Fähigkeit, die durch gute Glaubenssätze und Überzeugungen noch stärker wird. Wenn du dir auch noch bewusst bist, dass die Kommunikation ein Teil von dir selbst ist, und diese dazu beiträgt, dass du mehr Ressourcen von dir selbst nutzt, dann kannst du deine wahren Potentiale nutzen. Das Unbewusste wird dann automatisch die entscheidenden Fähigkeiten aktivieren, damit du rascher, effektiver und effizienter umsetzt und deine Ziele erreichst.

Wenn du gewissenhaft mit diesem Buch arbeitest, dann fördert es die Konzentration, stärkt die Motivation und erleichtert die Umsetzung und Kommunikation mit den Unbewussten. Das hat positiven Einfluss auf das bewusste und unbewusste Lernen. Denk an eine Sonnenblume, die mitten in einer Wiese steht und frühmorgens auf die Sonne wartet. Aber sie wartet nicht nur, sondern ist auch aktiv. Sie dreht den Kopf in die Richtung, von wo die ersten Sonnenstrahlen kommen. Im Laufe des Tages dreht sich die Sonnenblume nach dem Lauf der Sonne. Sie lebt dadurch länger, wächst schneller und kräftiger als andere Blumen.

Wenn du davon überzeugt bist, etwas erreichen zu wollen, dann ist der Antrieb am größten. Wenn dein Lebensweg von deinem Wertesystem erheblich abweicht, wird die Fieberkurve deines Unwohlthermometers stetig ansteigen, bis du Fieber hast. Dann wird es dir mit aller Härte bewusst, dass dein gelebtes Leben nicht dem begehrten Leben entspricht. Die Abweichung ist so groß, dass sich dein Hirn meldet: „Achtung, das ist der falsche Weg! Tue etwas anderes!" Jetzt.

📖 Erstelle eine Glücksskala.

Aufgabe: Bewerte die einzelnen Bereiche auf einer Skala von 1 (gar nicht zufrieden) bis 10 (super zufrieden). Wie glücklich bist du mit …

❶ deinem beruflichen Leben?

❷ deiner finanziellen Situation (jetzt und in der Zukunft)?

❸ deinem Privatleben?

❹ deiner Gesundheit und Fitness?

❺ To do:

Auswertung: Alles von 1 bis 4 ist bedenklich, von 5-7 zu wenig, über 7 super. Wer „nur" zufrieden ist (5-7) läuft Gefahr, dass es hier automatisch schlechter wird (Es ist wie bei einem Haus: es wird älter und verwittert. Das größte Potential zu Verbesserung hast du in dem Bereich mit dem niedrigsten Wert. Wenn das Immunsystem nicht mehr ordentlich arbeitet, weil die Selbstheilungskräfte sich um Stressbewältigung kümmern müssen, bricht die Krankheit am schwächsten Organ aus).

📖 Gestalte dein Leben.

Aufgabe: Nimm den Bereich mit der niedrigsten Bewertung heraus und verbessere die Situation in diesem Bereich.

❶ Was ist dein schwächster Bereich?

❷ Erste Soforthilfsmaßnahmen zur Verbesserung?

❸ Warum ist es wichtig, dass du hier etwas veränderst?

❹ Was wird passieren, wenn du nichts tust? Was ist die negative Konsequenz deines Nichttuns? Die positive wenn du etwas veränderst?

❺ To do:

Eine Strategie unterstützt dich dabei, dich deinen Zielen selbstbestimmt zu nähern. Die EKS leitet sich aus der Begrifflichkeit der „engpassorientierten Strategie" ab. Damit kann man den Zielerfüllungsgrad steigern, bessere Entscheidungen treffen und das Unternehmen besser steuern. Man hat mehr Übersicht, es kommt mehr Dynamik und Bewegung in das Tun. Ein wichtiges strategisches Ziel ist die Anziehungskraft zu erhöhen, das Motto der EKS ist Konzentration und Spezialisierung. Die EKS - die von Prof. Wolfgang Mewes entwickelt wurde - basiert auf zwei ganz konkreten wesentlichen Grundannahmen: Einerseits auf Beobachtung erfolgreicher Unternehmen und andererseits auf Berücksichtigung von Naturgesetzen, wie sich Systeme entwickeln oder nicht.

Spezialisierung statt Verzetteln: Durch die Konzentration auf die eigenen Stärken wirst du einzigartig und unverwechselbar. Zeige sichtbare Kompetenz als Beweis.

Minimumprinzip – Konzentration auf den wirkungsvollsten Punkt: Es ist nicht so wesentlich, wie stark du zuschlägst, viel wichtiger ist zu wissen wo du aktiv sein musst. Und dann genau dort anzusetzen.

Immaterielle vor materiellen Vorgängen: Immaterielle Werte spiegeln die Kundenbedürfnisse wieder. Arbeite an der Wertsteigerung immaterieller Werte, damit wirst du erfolgreicher.

Nutzen- statt Gewinnmaximierung: Denkt man nur an den Gewinn, kann das für die Weiterentwicklung hemmend sein. Man übersieht und unterlässt die entscheidenden Schritte für neue Wege. Anstatt sich auf die Veränderungen der Bedürfnisse der Märkte zu konzentrieren, konzentriert man sich auf Maßnahmen, die den Gewinn optimieren. Oft werden wesentliche Schritte zu spät oder gar nicht unternommen.

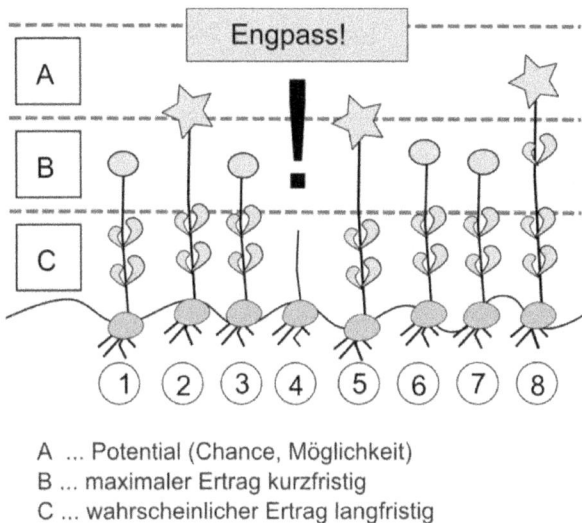

A ... Potential (Chance, Möglichkeit)
B ... maximaler Ertrag kurzfristig
C ... wahrscheinlicher Ertrag langfristig

Abbildung 5: Engpässe Auswirkung

Strategischer Gedanke: Wenn du einen der 8 entscheidend wichtigen Eckpfeiler deiner Strategie vernachlässigst, erntest du auch nur einen Bruchteil deiner Potentiale. Der Ertrag bleibt deutlich hinter den Erwartungen (siehe hierzu die engpassorientierte Strategie EKS nach Wolfgang Mewes).

Ein Baum braucht zum Wachsen Wasser, Licht, spezielle Nährstoffe und das richtige Klima. Wenn nur einer dieser Faktoren in einem zu geringen Ausmaß vorhanden ist, dann wird die Pflanze nicht wachsen. Du kannst noch so viel Wasser zuführen, es wird nichts nützen (der bekannte Forscher Justus von Liebig hat herausgefunden, dass ein Baum für ein gesundes Wachstum 4 Grundelemente benötigt: fehlt eines, so wird der Baum nicht wachsen, das ist der Minimumfaktor, der Engpassfaktor). Das passiert oft in einem

Unternehmen. Man konzentriert sich auf einen Punkt, verstärkt die Anstrengungen, geht immer mehr und mehr ins Detail, aber trotz aller Bemühungen hilft es nicht weiter. Im Gegenteil, es wird nicht nur Geld, Zeit, Material und Personal in die Sache hineingesteckt, sondern auch viel Energie. Energie die dann fehlt.

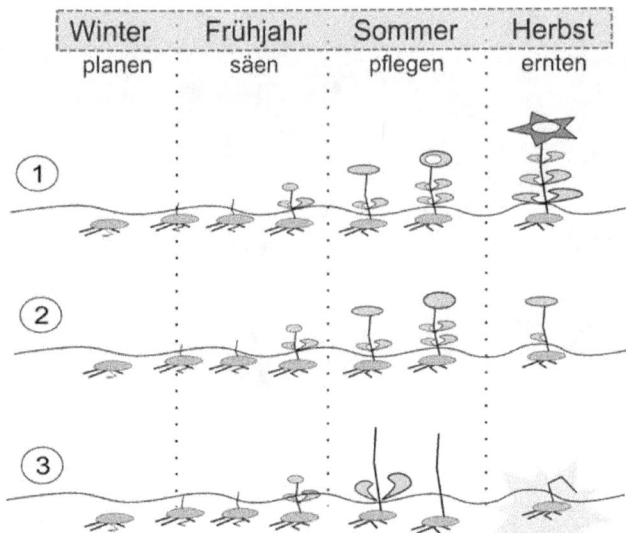

Winter	Frühjahr	Sommer	Herbst
planen	säen	pflegen	ernten

Abbildung 6: Engpässe Konsequenz

Wenn du es verabsäumt zu planen, dann wirst du spät säen und zu spät ernten. Oder die Ernte wird um einiges magerer ausfallen (Vergleich Kurve 2). Wenn du das Feld (System) nicht pflegst, wirst du nichts ernten. (Vergleich Kurve 3). Nimm dir Zeit für alle 4 Zeiten und du wirst reichlich ernten (Kurve 1)!

Engpässe zu beseitigen sind notwendige Maßnahmen, denn Engpässe hindern dich am Wachsen und Entwickeln. Der brennendste Engpass ist kein statisches Gebilde, sondern sehr dynamisch und kann sich immer wieder verändern.

📖 **Analysiere deine Engpässe.**

Aufgabe: Was hindert dich daran erfolgreicher zu sein? Was könnte besser laufen? Finde je Bereich mindestens 3 Engpässe. Durchleuchte die Bereiche unter dem Blickwinkel (a) Engpässe aktuell bzw. (b) Engpässe die die langfristige Zielerreichung behindern (behindern könnten).

❶　Beim Kunden, bei der Kundenakquise:

❷　In der Organisation, bei den Mitarbeitern:

❸　Bei dir selbst:

❹　Was ist der größte Engpass und warum ist das der größte Engpass? Was wird passieren, wenn der Engpass beseitigt ist?

❺　To do:

In den 70er Jahren haben Richard Bandler und John Grinder angefangen, mit NLP auf sich aufmerksam zu machen. Basis dafür waren die Kommunikationstheorien von Gregory Bateson, Fritz Perls - Gestalttherapie, Virginia Satir - Familientherapie, Milton Erickson – Hypnosetherapie, Paul Watzlawick – Konstruktivismus und noch einige mehr aus Linguistik, Psychologie, Philosophie und Therapie. NLP steht für Neuro-Linguistisches Programmieren.

Neuro: Jedes Verhalten wird über neuronale Prozesse gesteuert. Die Wahrnehmung wird durch das Nervensystem und durch die Sinne gefiltert.

Linguistisch: Unsere Kommunikations- und Verhaltensmuster sind sprachlich codiert. Filter, Werte, Regeln, Erinnerungen, Glaubenssätze, Metaprogramme und Rahmenbedingungen haben Einfluss auf jede Kommunikation. Lediglich 7% des Inhaltes sind für die Wirkung eines Gespräches maßgeblich, 38% macht die Stimmlage, 55% die Körpersprache aus. Dementsprechend wirkt sich unser unbewusstes Verhalten viel stärker aus, als unser bewusstes. Die Sprache und der Umgang mit ihr haben einen sehr großen Einfluss darauf, ob etwas passiert oder nicht.

Programmieren: Gelernte Verhaltens- und Denkweisen können durch gezielte Interventionen verändert werden. Man kann Verhaltens- und Denkweisen in erwünschtes Verhalten und konstruktives Denken verwandeln.

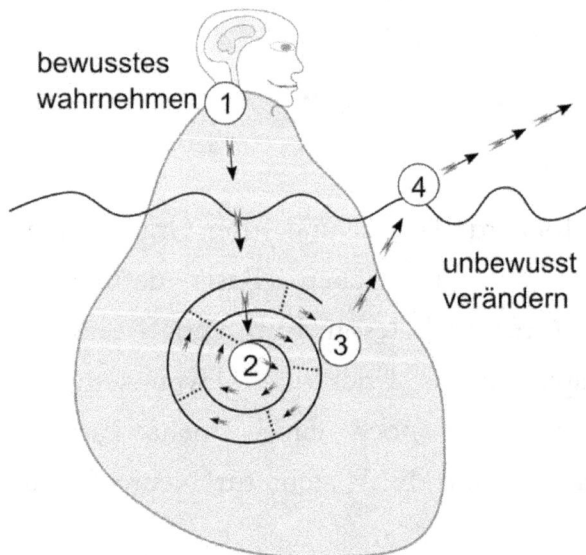

Abbildung 7: Veränderungen passieren im Unbewussten

.1. externes Ereignis tritt ein und die Aufnahme über alle unsere Sinneskanäle wie sehen, hören, fühlen, schmecken, riechen passiert.

.2. Filter die die Wahrnehmung beeinflussen: generalisieren, verzerren und tilgen durch persönliche Werte, Regeln, Erinnerungen, Glaubenssätze, Überzeugungen, Metaprogramme und Bedürfnisse.

.3. die Entscheidung wird noch beeinflusst durch: die Rahmenbedingungen, interne Darstellung, augenblickliche Zustand und Physiologie, Willenskraft, Triebstandfestigkeit.

.4. die Reaktion ist nun ein externes Ereignis für die andere Person.

NLP ist ein psychologischer Werkzeugkasten und dient für Familientherapie, Gestalttherapie, Linguistik, Psychologie, Philosophie und Hypnotherapie. Es werden stets Methoden von besonders erfolgreichen Menschen untersucht. Dadurch erfährt man, welche Strategien in bestimmten Situationen angewendet werden. Diese werden erforscht und modelliert. Die Erkenntnisse, Anwendung und Erfahrungen im Umgang mit diesen Instrumenten verbessern vor allem auch die Kommunikation zwischen Menschen. Zahlreiche Instrumente und Techniken, mit denen man Probleme lösen und Ziele verwirklichen kann, wurden erschaffen. Grundlage von NLP ist die These, dass hinter jedem Ergebnis eine Strategie steht. Hinter einem Erfolg steht eine Strategie, ebenso wie hinter Misserfolgen. Somit tragen Misserfolge auch sehr wertvolles Feedback in sich und dieses kann man ein einen Lernprozess wirkungsvoll nutzen.

NLP beschäftigt sich sehr viel mit der Sprache und deren Wirkung auf Andere, bzw. auf einen selbst. Jeder Mensch hat eine eigene Persönlichkeit, die sich durch die unterschiedliche Wahrnehmung und Verarbeitung unterscheidet. Dadurch kann es zu sehr unterschiedlichen Reaktionen und Auswirkungen kommen. Wenn du dich damit mehr beschäftigst, kann es dir gelingen, mehr zum Verständnis in der Kommunikation beizutragen. NLP baut auf einigen sehr elementaren Grundannahmen auf (auszugsweise, siehe dazu Waltraud Trageser, Marco von Münchhausen, die NLP-Kartei, Practitioner-Set, Junfermann Verlag):

- wenn etwas nicht funktioniert, tue etwas Anderes,
- Widerstand beim Kunden bedeutet mangelnde Flexibilität auf Seiten des Beraters,
- Menschen haben alle Ressourcen in sich, um eine gewünschte Veränderung an sich vorzunehmen,
- man kann nicht nicht kommunizieren,
- die Landkarte ist nicht das Gebiet,
- Es gibt in der Kommunikation keine Fehler oder Defizite, alles ist Feedback,

Was ist eigentlich Erfolg? Reinhard K. Sprenger sagt dazu: Erfolg = er folgt auf das, was du jetzt tust. Erfolg ist somit Bewegung. Die Schritte, die du in der Vergangenheit gegangen bist, haben dich dahin gebracht, wo du heute stehst. Den nächsten Schritt, den du von diesem Platz aus unternimmst, passiert hier und jetzt und führt dich in die Zukunft. Die Schritte die du morgen machst, bringen dich nach Übermorgen. Eine Zeitreise endet nicht heute und beginnt nicht morgen.

Es gibt Methoden, Wege und Strategien, die von erfolgreichen Menschen gelebt werden. Erfolgreiche Wege, die du und ich auch nutzen könnten. Bei meinen eigenen Söhnen habe ich von Anfang an festgestellt, dass sie von Anfang an ganz eigene Persönlichkeiten waren. Je nach Persönlichkeit filtern sie die Einflüsse des täglichen Lebens unterschiedlich. Bei der Analyse von Studien die sich mit Veränderungsprozesses befassen, entdeckte ich ein paar wesentliche Merkmale, die einem dabei behilflich sind, erfolgreich Umzusetzen: Arbeiten mit einem schriftlichen Konzept, Ziele definieren die anziehend und attraktiv sind, Ziele visualisieren, auf die eigene Intuition vertrauen, der Wille zum Erfolg, konsequente Umsetzung einer Strategie, regelmäßige Überprüfung des Weges und flexible Anpassung der Ziele und Strategie. Eine gewisse Disziplin ist ebenso erforderlich, damit man aus den gefestigten Mustern herauskommt, sofern es erforderlich ist. Dabei muss man aufpassen: Wer zu viel denkt, tut sich oft schwer mit Handeln, wer zu viel handelt, tut sich oft schwer mit Denken. Denken heißt auch planen. Die richtigen Dingen tun und die Dinge richtig tun. Jeder Mensch ist anders, jeder hat seine eigenen „bewährten" Erfolgsmethoden. Aber nicht ein jeder benutzt seine „optimalen" Erfolgsmethoden. Die bewährten hat man sich angewöhnt, die optimalen, die kann man sich angewöhnen. Erweitere deine Erfolgsmethoden um wesentliche Merkmale. Das sind bewährte Konzepte erfolgreicher Menschen. Wenn du immer die gleichen Erfolgsmethoden verwendest, wirst du auch das Gleiche heraus bekommen. Mit einem optimierten Programm ist nun mehr möglich als bisher.

Wir können an den Umständen oft nichts ändern, aber wir können unsere Einstellung ändern. Wir können uns als Opfer der Umstände sehen, oder aus den Umständen das Beste machen, das möglich ist. Es ist die geistige Einstellung, die das Verhalten lenkt. Wer überzeugt von Etwas ist, der wird auch handeln. Unser Verhalten wird nur zu 10% bewusst gesteuert, über 90% unseres Handelns laufen unbewusst ab. Unser Unterbewusstsein und unsere innere Überzeugung sind somit entscheidende Faktoren des Erfolges. Das Unterbewusstsein bewertet nicht. Es hält fest, was eingegeben wird, und setzt alles daran, unsere Vorstellungen zu verwirklichen! Alles, das man innerhalb von 72 Stunden ins Handeln bringt, hat eine außerordentlich große Erfolgsaussicht. Man muss es ins Handeln bringen, nicht schon abschließen. Wenn deine Stärken die Schlüssel zum Erfolg sind, dann musst du auch die Kombination des Tresors wissen, in dem dein Potential steckt, es hat 3 Buchstaben: T-U-N.

jetzt DU it ©

Stefan Merath hat in einem seiner Erfolgsbücher 3 wirkliche Geheimnisse des Erfolges definiert: 1. Du benötigst einen klaren, sinnvollen und nutzenorientierten, langfristigen Traum, der an deine Werte orientiert ist. 2. Beginne mit der Entwicklung bei dir selbst. 3. Tue das, was du dir vornimmst, mit äußerster Konsequenz.

Die Geheimnisse sind einfach zu verstehen, aber nicht leicht umzusetzen. Aber um was geht es eigentlich? Es geht um dich! Es geht jetzt in diesem Augenblick nur um dich. Was verstehst du unter Erfolg? Was ist für dich wichtig? Warum ist das für dich wichtig? Wie definierst du Erfolg in deinem Leben, im beruflichen, privaten, gesundheitlichen und finanziellen Kontext? Ja, das ist dein Erfolg. Nur der zählt im Augenblick.

Albert Bandura beschreibt in seinem Lernstadien-Modell einen 4-stufigen Prozess für die Aneignung gewohnheitsmäßiger Fähigkeiten und Eigenschaften. R. Dilts hat diesen Prozess ins NLP übernommen. Der Ablauf wird wie folgt erklärt: Am Anfang steht die unbewusste Inkompetenz, dann kommt die bewusste Inkompetenz, d.h. man merkt, dass man etwas nicht kann. Darauf folgt die bewusste Kompetenz, neue Fähigkeiten werden erlernt. Bis es schließlich automatisch abläuft, eine unbewusste Kompetenz aufgebaut wurde.

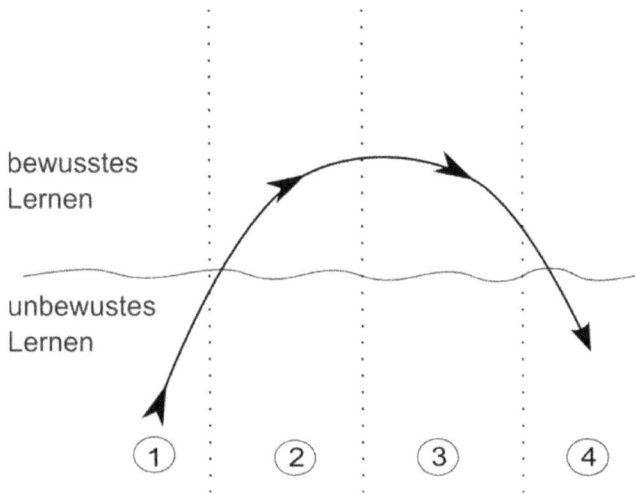

bewusstes Lernen

unbewustes Lernen

① ② ③ ④

Abbildung 8: Lernkurven

Betrachte zum Beispiel Autofahren: Zu Beginn deines Lebens hast du dir noch gar nicht Gedanken darüber gemacht, Auto zu fahren. Dann bist du 18 Jahre alt geworden und es ist dir vielleicht aufgefallen, dass du noch nicht Autofahren kannst. Also hast du den Entschluss gefasst es zu lernen. Erinnere dich vielleicht noch, wie anstrengend es zu Beginn war, wie konzentriert du beim Lernen gewesen bist. Das kleinste Ereignis war dafür verantwortlich, dass Adrenalin massenweise produziert wurde. Und jetzt? Jetzt gehörst du wahrscheinlich zu den gewöhnlichen Autofahrern, die essen, trinken, telefonieren, radiohören - und das alles während du Auto fährst. Du siehst also, es braucht auch einige Zeit, bis es unbewusst verankert ist.

Bei welchen Schulungen oder Coachings hat sich bei dir der Erfolg nachhaltig eingestellt: Schulungen, wo du nur zugeschaut oder zugehört hast, Schulungen wo du dir Notizen und den festen Vorsatz gemacht hast daran zu arbeiten, oder Schulungen wo du von Anfang an konsequent mitgedacht, mitgetan, geübt und umgesetzt hast?

📖 Lernkompetenzen optimieren.

Aufgabe: Erinnere dich an unterschiedliche Lernsituationen. Wo hast du am meisten gelernt? Wie waren die Umstände, die Umgebung, die Menschen, das Lehrpersonal, du selbst bzw. sonstige Einflüsse? In welchen Zuständen warst du, wie waren die Einflüsse von außen bzw. von innen?

❶ .(a). Schule, .(b). Seminar, .(c). Fortbildung, .(d). Selbststudium:

❷ Am meisten habe ich gelernt, wenn ...

❸ Am wenigsten habe ich gelernt, wenn ...

❹ Die Erkenntnis daraus ist ...

❺ To do:

Genaue Beobachtungen des täglichen Lebens zeigen: am wirkungsvollsten entwickelt man sich, wenn man lernt, konsequent arbeitet und durch eine ausreichende Anzahl von Wiederholungen (üben, üben, üben) das Gelernte so tief verankert und verwurzelt, bis es selbstverständlich und unbewusst ablaufen kann. So wird nachhaltiges Wachsen am besten gewährleistet. Die Anzahl der Wiederholungen ist bei den Menschen von Person zu Person unterschiedlich. Die wirklich Erfolgreichen machen einfach so lange weiter, bis sie diese gewisse Anzahl erreicht haben.

Manche Verhaltensweisen sind förderlich, andere hinderlich. Wer etwas verändern will, muss einen neuen Weg gehen. Das ist aber nicht immer leicht. Im Prozess des Denkens und Tuns passieren mehrere Schritte. Einige bewusst, mehrere unbewusst. Es ist eine Mischung aus Denken und Tun. Ab einem bestimmten Punkt hört das Denken auf und die Handlung passiert automatisch. So wie wir es gewohnt sind. Dieser kritische Punkt ist der

Entscheidungsmoment. An diesem Punkt wird darüber entschieden, welchen Weg wir gehen. Den neuen oder den alten. An diesem Punkt können wir wählen, welche Richtung wir einschlagen. Je öfter wir den neuen Weg gehen, desto mehr rückt dieser Entscheidungsmoment in den Vordergrund. Es wird uns bewusst, dass wir wählen können. Wenn wir etwas verändern wollen, dann gilt es diesen Punkt zu finden. Das können wir, indem wir auf unsere innere Stimme hören. Diesen Moment bewusst zu erkennen ist wichtig.

Wenn wir einmal den neuen Weg gegangen sind, dann fällt es uns beim zweiten Mal schon leichter. Aber, den Entscheidungsmoment muss man verändern und eine neue Gewohnheitsschleife einbauen. Es genügt auch nur eine Veränderung in diesem Prozess, und die Gewohnheit wird anders ablaufen. Der kritische Moment, in Zeitlupe betrachtet, offenbart uns, was wir in so einem Fall normaler Weise tun oder denken. Es ist oft eine Nuance, die entscheidet. Es könnte sein, dass wir etwas zu uns sagen, dass wir mit der Hand über unsere Lippen fahren, an etwas Bestimmtes denken – es ist nur ein Moment, aber diesen müssen wir finden: das letzte was wir tun, bevor der alte Weg eingeschlagen wird. Denn nach dem Entscheidungsmoment geht es rasend schnell, eben wie gewohnt, weiter.

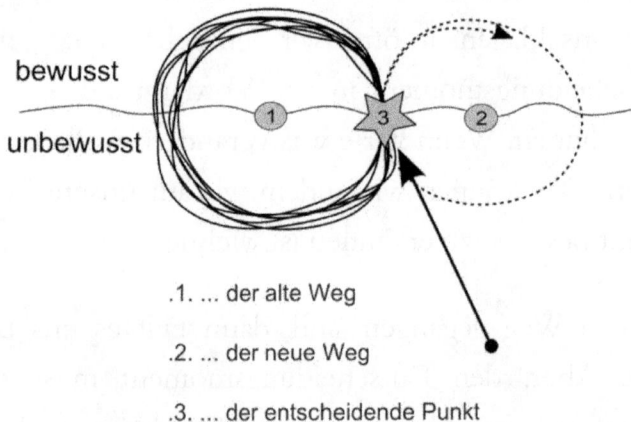

bewusst

unbewusst

.1. ... der alte Weg

.2. ... der neue Weg

.3. ... der entscheidende Punkt

Abbildung 9: Gewohnheiten verändern: der entscheidende Punkt

.1. der alte Weg: bisherige Gewohnheit bestimmt das Leben – hier landest du automatisch, besonders in stressbedingten Situationen.

.2. der neue Weg: Erfolgsgeheimnis neuer Gewohnheiten ist die Wiederholung: üben, trainieren, konditionieren bis du es gewohnt bist, den neuen Weg zu gehen.

.3. der entscheidende Punkt: je öfters du den neuen Weg gehst, umso mehr wird dir auch der entscheidende Punkt auffallen: an diesem Punkt angelangt, hast du die Wahl zwischen dem alten und dem neuen Weg.

Nehmen wir Rauchen als Beispiel her: Kurt will Rauchen aufhören. Nun schauen wir uns an, wie der Prozess in bestimmten Situationen abläuft. Immer wenn Kurt ans Rauchen denkt, denkt er, dass er eigentlich nicht rauchen will. Dann fährt er sich durch die Haare und in seinem Bauch hat er ein Gefühl. So als ob er sich zusammen ziehen würde. Dann sagt er: "Ach was", schaut nach links oben und schon greift er zur Zigarette. Wir entschlüsseln dieses „Ach was" als einen wichtigen Teil des Verhaltens. Das geht aber alles so schnell, dass wir dieses „Ach was" zunächst gar nicht merken. Jetzt, in der Analyse ist es uns bewusst geworden. Wenn Kurt jetzt zum Beispiel nach rechts schaut, und dann: „jetzt DU it" und „STOP" sagt und sich vorstellt, wie er ohne Zigarette herrlich tief ein und ausatmet, und dann bewusst tief ein und ausatmet, mehrmals bewusst atmet, dann hat er seine gewohnte Verhaltensschleife verändert. Plötzlich ist der Gedanke ganz woanders als gewohnt. Und hier, hier kann er eine neue positive Verhaltensschleife installieren. Mit zusätzlichen körperlichen Veränderungen und Gedanken samt Vorstellung von etwas anderem, ist der „Rauchprozess-Gedanke" zu einem „befreit-atmen-Gedanken geworden".

Du überrumpelst den Autopiloten, damit er nicht automatisch den alten Weg geht. Er soll sich nun ja entscheiden: alter Weg oder neuer. Mit der Unterstützung deiner Sinne, deinem Willen und der Überzeugungskraft wählst du öfter als unter normalen Umständen den neuen Weg. Bewusst weg von der alten Gewohnheit hin zur Veränderung. Achtsamkeit ist gefragt. Achtsamkeit ist eine verborgene Ressource, die aktiviert werden kann.

Was passiert in unserem Unbewussten? An die 90% unseres Tuns und Denkens laufen unbewusst ab, d.h. wir werden weitgehend von unserem Unbewussten gesteuert. Unser Autopilot steuert uns, er reguliert unseren Energieeinsatz, aber auch wie wir uns im Alltag und in Notsituationen verhalten: Im Sturm greift man auf das zurück, was man am besten kann, was einem am besten schützt. Wenn etwas neu ist, in Stressmomenten oder

Krisensituationen läuft das Notfallprogramm. In unserem Gehirn hat sich mit der Zeit (vor und in unserem Leben) ein Nervensystem aufgebaut, das die Informationen von Synapse zu Synapse weitergibt. Diese Informationen sind in bestimmten Hirnregionen abgespeichert, wie auf einer Schallplatte. Es gibt sehr viele Platten in unserem Hirn, jede ist für etwas Anderes zuständig. Wenn man nun etwas anders machen möchte, dann muss man sich umprogrammieren. Hier haben wir es aber mit Filtern, Werten, Regeln, Erinnerungen, Glaubenssätzen, Metaprogrammen, Rahmenbedingungen in uns selbst zu tun, die einen wesentlichen Einfluss darauf haben. Die Rillen auf der Platte haben sich mit der Zeit gefestigt, das ist ganz normal und gehört zur jeder Persönlichkeit. Diese Rillen sind fix. Es gehört also schon etwas dazu, damit sich etwas verändert, etwas bewegt. Aus diesem Grund ist der Entscheidungsmoment von ganz großer Bedeutung. Wenn du an diesem Punkt angelangt bist, dann hast du die Wahl, in welche Richtung du gehen willst. Es gibt Strategien, wie du deine Entscheidung quasi „entschleunigst", damit du auf den neuen Pfad gelangst. Entschleunigung heißt, du erlebst bewusst die einzelnen Schritte rund um den Entscheidungsmoment. Es ist ein Lernprozess, der stattfindet. Das ermöglicht dir nun im Entscheidungsmoment den neuen Weg zu wählen. Mit der Zeit, wird diese Angewohnheit automatisiert, d.h. ab einer gewissen Anzahl der Wiederholung nimmt dein Hirn automatisch zuerst den neuen Pfad. Bis dahin heißt es einfach - Tun ☺

- **Gleich starten – 24 bis 72 Stunden:** wenn du innerhalb von 24 Stunden mit etwas startest, dann sind die Voraussetzungen für eine Verhaltensveränderung auch im Hirn hervorragend: wenn du einen neuen Weg gehst, tut sich im Hirn quasi eine neue Rille auf, wenn du dann konsequent daran arbeitest, dann erweitert sich dieser Weg.

- **Mindestens 21 Tage:** konsequent die Veränderung über einen längeren Zeitraum trainieren. Wenn du nun weiter machst, dann erweitert sich dieser Weg, bis sich eine Straße gebildet hat.

- **Schriftliches Konzept:** Das ist Kommunikation mit dir selbst. Vielfach unterschätzt, oder aber aus Bequemlichkeit links liegen gelassen. Wenn du deine Ziele und Maßnahmen auch schriftlich formulierst, dann gibst du deinem Unbewussten einen Befehl, etwas damit zu tun. Das ist die Kommunikation, die das Unbewusste versteht. Wenn du dieses Schriftliche auch noch für die linke und rechte Gehirnhälfte optimierend darstellst, dann hilfst du deinem Unbewussten auf die Sprünge. Die linke Gehirnhälfte ist mehr für das Rationale, die Zahlen, bewusste, materielle und äußerliche Fakten, Fachkompetenz und das Logische zuständig. Die rechte Gehirnhälfte für das Kreative, die Emotionen, Immaterielles, Gefühle, Sozialkompetenz, Bedürfnisse und Werte – über 90% der Entscheidungen werden von der rechten Gehirnhälfte gesteuert!

- **Beschäftige dich mit deiner eigenen Persönlichkeit:** wenn du dich mit deinen Filtern, Werten, Regeln, Erinnerungen, Glaubenssätzen, Metaprogrammen, Rahmenbedingungen auseinandersetzt, dann beschleunigst du die Entwicklung. Arbeite nicht nur am Willen, sondern auch an deiner Überzeugung. Je größer diese ist, desto eher gelingt die Veränderung.

- **Denken:** Deine Gedanken steuern deine Gefühle. Deine Gefühle sind verantwortlich dafür, in welchem Zustand du dich befindest. Wenn du

jetzt DU it ©

in einem schlechten Zustand bist, vielleicht auch zornig, dann wirst du ganz andere Entscheidungen treffen, als wenn du in einem guten Zustand bist, zum Beispiel glücklich, entspannt, zufrieden mit dir selbst bist. Mit dem Denken kannst du also wesentlichen Einfluss auf deine Gefühle, deinen Zustand, deine Entscheidungen nehmen.

- **Wählen:** Bevor du das nächste Mal wieder automatisch in eine alte Verhaltensrolle schlüpfst, entscheide dich: gehe ich den alten Weg oder den neuen? Und das ist das Entscheidende: Der alte ist nicht weg, aber du musst ihn nicht mehr gehen. Du kannst wählen. Welchen Weg willst du gehen?

Jeder Gedanke wird abgespeichert als Plus oder Minus. Überwiegen negative Gedanken, dann hast du einen negativen Saldo. Depressionen, Burnout, Stress, psychische Erkrankungen sind auf das zurückzuführen. Deine persönliche Entscheidungsfähigkeit wird eingeengt. Vergleiche es mit einer Wasserleitung, die verkalkt ist. Zum Denken gehört auch die Fitness des Körpers. Je besser deine körperliche Verfassung, deine Körperhaltung ist, desto leicht fällt dir das positive Denken. Wie ist es, wenn du total glücklich bist? Wenn du etwas ganz besonderes erreicht hast (das herausfordernd oder vielleicht auch sehr anstrengend war)?

📖 Erinnerungskraft aktivieren.

Aufgabe: Schreibe eine Geschichte und erinnere dich an ein Erlebnis, wo du sehr glücklich warst. Schreibe voller Begeisterung und füge Details wie Gefühle und Sinneswahrnehmungen dazu. Gehe anschließend zu einem Spiegel, erinnere dich noch einmal intensiv und betrachte diese Personen.

❶ Schreibe eine kurze Geschichte über ein Erlebnis, wo du sehr glücklich warst. Benutze eine begeisternde Ausdrucksweise.

❷ Erinnere dich lebhaft und erlebe es mit allen Sinnen. Wie fühlt es sich an, wenn du daran denkst? Schließe die Augen und sag mir, was du siehst, was du hörst? Beschreibe das Bild.

❸ Verstärke das Gefühl um das 100-fache, freue dich noch einmal noch etwas mehr. Wenn du lächelst, fang an zu lachen. Zieh deine Mundwinkel noch weiter auseinander.

❹ Geh zu einem Spiegel und schau hinein. Wen siehst du jetzt?

❺ Behalte diese Erinnerung als Referenzerinnerung. Immer dann, wenn du ein gutes Gefühl erzeugen willst, kannst du an diese Referenz abrufen. Je öfter, desto leichter und schneller wird es dir gelingen, den ausgezeichneten Zustand zu erreichen.

jetzt DU it ©

Tag 2: präge!

Was sind die Voraussetzungen für Erfolg? Jeder Mensch ist mit einer einzigartigen Sammlung genetischer Codes geboren worden. Im Laufe der Zeit kommen immer wieder neue Codes hinzu, die dann ebenso Bestandteil unserer Persönlichkeits-DANN sind. Diese prägt unser Tun und Denken.

Die Persönlichkeits-DNA ist dafür verantwortlich, wie du Informationen und Sinneseinprägungen verarbeitest, filterst und in welchen Gefühlswelten du dich bevorzugt befindest. Motivation, Tun und Nicht-Tun, Aktionen und Reaktionen hängen davon ab. Sie sagt viel darüber aus, wie du Risiken und Chancen, Potentialen und Engpässen einschätzt und mit diesen umgehst.

In diesem Kapitel findest du eine Fülle an sehr wertvollen Werkzeugen, die sich mit der Kommunikation und Funktion des Bewussten und Unbewussten beschäftigen. Das ist eine sehr wichtige Voraussetzung dafür, dass ein erwünschter Veränderungsprozess in Gang kommt und aufrecht bleibt.

Tagesziel: **Interne Kommunikation verbessern.**

Hans-Werner Schönell

Seit 25 Jahren begleite ich Einzelpersonen (Führungskräfte, Selbstständige und Kleinunternehmer) strategisch in ihrer persönlichen und beruflichen Entwicklung. Dabei habe ich viele bemerkenswerte und vor allem sehr unterschiedliche Menschen erleben dürfen: Gestalter, Schnelldenker, Detailfreaks, Philosophen, Methodiker, Kreative, Intuitive, Sachliche, Emotionale, Impulsive, ... das könnte noch eine lange Liste werden. Haben Sie sich gerade in der Aufzählung wiedergefunden?

Alle haben Vorlieben für ausgewählte Arbeitstechniken: Die einen lieben es systematisch und in genauer zeitlicher Abfolge geplant zu arbeiten. Die anderen bevorzugen es auf ihre Intuition zu hören. Der eine arbeitet vorwiegend nur an einer Sache, der andere wieder lieber an mehreren gleichzeitig. Der eine vertraut auf bewährte Werkzeuge, Methoden und Instrumente, der andere präferiert den intensiven Dialog im Arbeitsprozess, um wieder einige praktische Beispiele aufzuzählen.

Das Interessante: Jeder verfolgt seine Ziele - mehr oder weniger - und abhängig von seinen gelebten Werten! Ein Ziel ist dann "subjektiv erreicht", wenn der Nucleus accumbens, das "Belohnungssystem des Gehirns" gemeldet bekommt: "Situation besser als erwartet".

Ziele, die ich träume, haben immer mit meinen Werten zu tun. Der eine hat "sein Ziel" erreicht, wenn er sich durchsetzen konnte. Der andere sieht sich am Ziel, wenn er für seine Kompetenz, Innovation und Veränderungsbereitschaft belohnt wird. Für den einen ist das höchste Ziel in Harmonie und Einklang in einem Team mitwirken zu dürfen. Für den anderen ist die Anerkennung für seine Dienstleistung oder das sich als wertvoll erwiesen zu haben ein Ziel. Und wieder ließen sich viele weitere Beispiele aufführen. In der Regel sind auch Kombinationen von gelebten Werten zu beobachten.

Wofür und wie intensiv sich ein Mensch für oder gegen etwas engagiert hängt von der Gewichtung seines aktuellen Wertekanons – von seinen Handlungsmotiven ab. Auf welche Weise er sich an seine Ziele heranarbeitet, wird von seinen bevorzugten Arbeitstechniken bestimmt. Vielleicht denken Sie mal darüber nach.

Da verspricht die einzigartige und vielseitige Werkzeugsammlung von Markus Robinigg Ansporn durch neue Handlungsoptionen seine lohnenden Ziele zu erreichen. Also, jetzt Du it!

Ihr Hans Werner Schönell

Deine Persönlichkeit ist der Schlüssel

Eine gute Umsetzung hängt sehr stark davon ab, in welchem Zustand du dich befindest. Die beste Voraussetzung für Erfolg liegt darin, sich fortlaufend in einem guten Zustand zu befinden. Das kannst du erreichen, wenn du öfters positiv als negativ denkst. Die Qualität deines Lebens wird geprägt von der Qualität deiner Kommunikation. Verbessere gezielt deine Lebensqualität. Das Erschreckende ist, dass viele Menschen grundsätzlich negativ kommunizieren. Davon hat aber keiner etwas. Was Andere zu einem sagen, kann man zulassen oder auch nicht. Wenn du es zulässt, dann wirkt sich das auf deine Lebensqualität aus. Das kann gut sein, oder auch nicht. Du kannst dich dagegen wehren, was andere zu dir sagen. Du kannst dich aber nicht gegen da wehren, was du zu dir selbst sagst. Nicht die Anderen sind schuld, du selbst bist verantwortlich für das, was du zulässt. Und für das, was du denkst. Gib stets Acht auf deine eigenen Gedanken. Der Unterschied zwischen Erfolg und Misserfolg hängt von deinen Entscheidungen ab. Deine Entscheidungen werden von deinen Zuständen gesteuert. Somit steuern deine Zustände dein Leben. Übertrage die Verantwortung für dein Leben nicht an andere.

Emotionen und Gefühlszustände sind verantwortlich für unsere Lebensqualität. Unsere Lebensqualität entspricht der getroffenen Wahl, in welchem Gefühlsbereich wir uns vermehrt aufhalten. Wenn wir in Gefühlsbereichen mit hoher Lebensqualität sind, dann sind wir glücklich, begeistert, voller Freude oder Herzlichkeit. Sind wir verzweifelt oder befinden wir uns in den Bereichen Ärger, Angst, Abneigung, Niedergeschlagenheit, Scham, Trauer dann ist die Qualität unseres Lebens niedrig. Diese Lebensbereiche erzeugen Stress. Stress deaktiviert aber gleichzeitig auch die Selbstheilungskräfte unserer Körperzellen. Wenn das lange genug andauert, führt das zu Krankheiten. Stress ist Ursache Nr. 1 für Krankheiten. Bewusst wahrgenommener Stress ist schlecht. Genauso wie ein unbewusst verursachter Stress. Gerade dieser unbewusste Stress wütet in uns öfter, als man glaubt.

Vielleicht bist du neugierig, wie dieser unbewusste Stress entstehen kann. Das Unbewusste checkt jeden sinnesspezifisch wahrgenommenen Eindruck ab und überprüft, ob eventuell eine Situation für uns gefährlich ist oder nicht. Hier kann es passieren, dass Eindrücke Gefahrenbildern zugeordnet werden, obwohl diese an sich für uns ungefährlich sind. Als Folge wird ein Stresssignal ausgesendet. Unsere Körperzellen bereiten sich auf einen Angriff vor. Der Körper tut augenblicklich alles, um für einen Kampf gewappnet zu sein. Unser Unbewusstes entscheidet nun, ob uns Flucht oder Angriff weiterhilft. Das banale an dieser Situation ist: das Stresssignal wird durch eine falsche Kettenreaktion ausgelöst. Die Wahrnehmung wird gefiltert und leider zu oft mit ungesunden Glaubenssätzen und destruktiven Zellerinnerungen konfrontiert. Diese produzieren eine „falsche" Wahrheit. Und diese wird von uns selbst erzeugt. Der Empfänger dieser Botschaft sind wir selbst. Und so etwas passiert tagtäglich. Falsche Zellerinnerungen, negative Bilder und ungesunde Glaubenssätze halten uns in einer permanenten Einsatzbereitschaft. Es ist wie bei einem Fernseher, der in Standby-Modus ist. Er ist nicht ganz ausgeschaltet, nur ein Knopf hat dafür gesorgt, dass du kein Bild siehst und keinen Ton hörst.

Aber auch im Standby wird Energie verbraucht. Und das kostet Strom. So ist es auch bei uns. Ohne dass wir es merken, befinden wir uns in einem Standby-Modus. Unser Unbewusstes wartet auf eine Gefahr und verbraucht unnötige Energie. Und so warten wir und verbrauchen hemmungslos wertvolle Energieressourcen. Und die Rechnung dafür kann sehr teuer sein.

Harlich H. Stavemann hat in seinem Buch „Therapie emotionaler Turbulenzen" einen Gefühlsstern dargestellt. In einem Gefühlsbereich gibt es unterschiedliche Intensitäten. Wir haben zum Beispiel eine Aufgabe vor uns. Den Bewältigungsprozess verarbeiten wir folgender Maßen: zunächst bewerten wir die Aufgabe: ist die Aufgabe, der Ausgang und die Konsequenz gut oder schlecht für uns? Dann stellt man sich die Frage: kann man die Aufgabe lösen oder nicht? Je schlechter man etwas bewertet und je unlösbarer es erscheint, desto größer ist die Bedrohung. Je besser und lösbarer umso größer die Freude. Wenn es gleichgültig für einen ist, dann bewegt man sich nicht.

Vergleiche einmal den Bereich „Unzufriedenheit" mit „Freude". Stell dir die Steigerung in diesen beiden Bereichen gefühlsbetont vor. Folge zunächst dem Pfad der Unzufriedenheit: Du bist mit etwas unzufrieden. Weil du es nicht ändern kannst, bist du bald genervt. Es nervt dich, weil es immer wieder passiert. Und wie du dir dann die Auswirkungen so vorstellst, wirst du ungeheuerlich wütend. Betrachte nun den Gefühlsbereich „Freude": Du bist mit dem Verlauf der Dinge zufrieden. Es entwickelt sich prächtig, so sehr, dass du dich darüber freust. Und der Lauf hört nicht auf, die Steigerung macht dich glücklich und schließlich bis du voll begeistert. Wut steht Begeisterung in ähnlicher Intensität aber in einem anderen Gefühlsbereich gegenüber. Was ist besser? Diese Frage beantwortet sich von selbst. Je intensiver wir etwas fühlen, desto emotionaler und erregter sind wir.

Unangemessene oder unangemessen starke Emotionen lassen sich verändern. Das ist meistens auch sehr wichtig, denn so verliert man sich nicht in kontraproduktiven Gefühlszuständen. Man kann an seinen Glaubenssätzen arbeiten, seine Werte und Identität, Fähigkeiten und Verhaltensweisen verändern.

Schau dir einmal die verschiedenen Gefühlsbereiche an. Überlege dir, in welchen Bereichen du dich selbst häufig befindest. Wann speziell ist das so? In welchem Kontext, mit welchen Menschen tritt das besonders oft auf? Stopp, sage ich dir, ändere negative Gefühlszustände. Sich zu sehr in negativen Zuständen aufzuhalten führt garantiert nicht zum Ziel. Die Gefühlsreise lässt uns oft von einem Gefühlsbereich in den anderen springen. Einige sind eng miteinander in einem destruktiven Bild verbunden. Du kannst zum Beispiel wütend und voller Hass auf Jemanden sein. Oder voller Liebe und Glückseligkeit. In der folgenden Aufstellung sind die Ausprägungen jeweils von Gleichgültigkeit bis hin zur höchsten Stufe aufgelistet.

Angst: Besorgnis → Bammel → Schiss → Angst → Panik.

Ärger: Unzufriedenheit → Genervtheit → Ärger → Wut.

Abneigung: Abneigung → Antipathie → Hass.

Niedergeschlagenheit: Bedrücktheit → Niedergeschlagenheit → Verzweiflung.

Trauer: Bedauern → Enttäuschung → Mitleid → Kummer.

Scham: Genieren → Scham.

Zuneigung: Sympathie → Zuneigung → Liebe.

Freude: Zufriedenheit → Freude →Glück.

Angenommen du befindest dich in einem negativen Bewusstseinszustand: was hindert dich daran, dass du in einen positiven gelangst? Oft sind es Unversöhnlichkeit, schädliche Verhaltensweisen und falsche Glaubenssätze, die dich hindern. Wenn du in einem negativen Bewusstseinszustand bist, frage dich: „Ist es so angebracht, wie ich hier reagiere? Agiere? Wie wahr ist das Weltbild meiner Wahrnehmung? Wie kann ich es verändern?"

Liebe, Freude, Ruhe, Geduld, Freundlichkeit, Integrität, Vertrauen, Bescheidenheit und Selbstkontrolle können dir hingegen helfen, zu wachsen und zu gesunden.

📖 Gefühlsmanagement.

Aufgabe: Beantworte in jedem Lebensbereich folgende Fragen:

(a) welche Gefühle sind besonders stark und häufig vertreten?

(b) In welchem Kontext treten diese verstärkt auf?

(c) Gibt es bestimmte Personen, Sachen oder Systeme, die damit verbunden sind?

Anschließend finde die Gefühle, die am häufigsten auftreten. Arbeite daran, die negativen Gefühle in den Griff zu bekommen.

❶　Privat, Gesundheit, Beruf, Finanzen?

❷　Welche 3 negativen Zustände treten öfters auf?

❸　Welcher ist der negativste davon (und warum?)

❹　Was passiert, wenn du in diesem Gefühlszustand bist? Was ist die positive Konsequenz, wenn du diesen negativen Zustand in den Griff bekommst? Stell es dir lebhaft vor.

❺　To do:

Gibt es so etwas wie eine objektive Wahrheit? An welche Wahrheit glaubst du? An die, die wahr ist? Oder an die, von der du glaubst, dass sie wahr ist? Vielleicht fragst du dich - wo ist der Unterschied? Die wahre Wahrheit ist frei von destruktiven Zellerinnerungen, ungesunden Glaubenssätzen und negativen Bildern. Die geglaubte Wahrheit wird wahrgemacht. Aus dem Blickwinkel, aus dem du diese Wahrheit betrachtest. Diese kann aber durchaus auch eine Lüge beinhalten. Durch die bewusste und unbewusste Kommunikation wird die Wahrheit „wahr" gemacht, damit sie in dein augenblickliches Weltbild passt. Dein Weltbild verändert sich im Laufe der Zeit sehr oft. Das Bild von einem Kind, von einem Jugendlichen, Erwachsenen, von Eltern und Nichteltern, Großeltern, Pensionisten, Kranken, Gesunden – es verändert sich immer wieder. Und damit verbunden sind auch Glaubenssätze, und diese stützen dein Weltbild.

Eine junge Frau wollte unbedingt Karriere machen. Sie hatte alle Voraussetzungen dafür. Trotzdem hat sie es nie dorthin geschafft, wo sie eigentlich hin gehörte. Oft war sie knapp davor Ihr Karriereziel zu erreichen. Aber sie kam immer wieder nur bis zu einem bestimmten Punkt. Auf der Suche nach der „Wahrheit" ist sie an eine Erinnerung gestoßen. Als sie 5 Jahre alt war, hat ihre Mutter ihrer Schwester ein Eis gekauft. Ihr nicht. Daraus folgten negative Bilder und ungesunden Glaubenssätze: Wenn die Mutter ihr kein Eis kauft, dann muss etwas mit ihr falsch sein. Sie sei es nicht wert, war ihre Schlussfolgerung. Dieser Schluss war destruktiv, ungesund und negativ. Aber, in ihrem Blickwinkel war es wahr. Sie sah es aus dem Blickwinkel eines Kindes. Wenn sie es von der Sicht ihrer Mutter betrachtet hätte, dann hätte sie folgendes bemerkt: Die Mutter hatte sie wahnsinnig lieb, genauso wir ihre Schwester. Der Grund warum sie kein Eis bekommen hatte, war folgender: Sie hatte davor schon ein Eis erhalten und ihre Schwester noch nicht. Punkt. Das ist ein Beispiel, mit gravierenden Folgen. Mit den Gedanken eines Kindes hat sich eine destruktive Zellerinnerung aufgebaut: „Ich bin es nicht wert!" - dieser Glaubenssatz hat sich unbewusst verankert und kam 30 Jahre später noch immer zur Wirkung. Die Filter werden auf „wahr" eingestellt und plötzlich hat das junge Kind lauter Beweise gesehen, warum ihre Mutter ihre Schwester mehr liebt und sie es nicht wert ist. Sie war schließlich davon überzeugt: „Ich bin es nicht wert, den nächsten höheren Level (Job), zu erreichen und zu bekommen." Obwohl der Job mit dem Eis nichts zu tun hat. Und die Eiserinnerung mit der Wahrheit auch nicht. Sie hat sich bewusst die logische Wahrheit konstruiert und unbewusst mit schmerzlichen, emotionalisierten Bildern abgespeichert. Und ihr Unbewusstes hat das als Erfahrung, als Referenzbild abgespeichert. Dieses Bild hat sie in anderen Situationen immer wieder unbewusst assoziiert. Die folgenden Reaktionen waren lähmend. Es hat sich als Selbstwertgefühl gefestigt und in der Form von Unfähigkeit nach außen hin entfaltet und gewirkt.

Glaube mir eines: solche und ähnliche Glaubenssätze werden in der Kindheit einfach aufgebaut und betreffen jeden in irgendeiner Form. Wie man damit umgeht, da unterscheiden sich die Menschen. Wir betrachten Situationen mit den Augen eines Kindes. Wir können diese Referenzbilder aber mit dem erweitertem Wissen eines Erwachsenen verändern. Und somit dieses Bild korrigieren. Stell dir vor, du bist auf dem Weg zum Ziel. Du bist topmotiviert, aber du erreichst das Ziel einfach nicht. Das ist ein Zeichen, dass eine Hürde, ein Engpass, ein Hindernis oder Stolperstein vor dir liegt. Das kann auch ein „kleiner" falscher Glaubenssatz sein. Korrigiere, neutralisiere diesen.

Wenn du merkst, dass du dein Ziel nicht erreichst oder noch nicht erreicht hast, stelle dir folgende 2 Fragen:

Erste Frage: Was muss ich anders machen, damit ich mein Ziel erreichen kann? Damit ich die Probleme in den Griff bekomme?

Zweite Frage: Warum tue ich es dann nicht schon jetzt?

Glaubenssätze helfen dabei, das Leben zu organisieren. Sie bestehen meistens aus (un)bewussten Verallgemeinerungen über uns selbst, den anderen oder der Welt, von deren Wahrheit wir überzeugt sind. Die Glaubenssätze sind eng mit Werten verbunden und stellen die Regeln dar, wie man diese Werte erreichen kann. Man unterscheidet zwischen Glaubenssätzen, die die Möglichkeiten des Lebens erweitern („Das schaffe ich schon") und solchen, die dich einschränken („Das klappt sowieso nicht"). Glaubenssätze sind Triebfedern hinter unserem Verhalten. Meist hilft schon das Aufdecken und Erinnern, um die destruktiven Gedanken zu entmachten. Durchleuchte die Sammlung der eigenen Glaubenssätze. Reinige das Glaubenspaket zielgerecht. Gute Glaubenssätze integrieren und fördern, schlechte eliminieren. Dadurch wird Energie frei, Handlungen und Aktivitäten werden umgesetzt und gute Ergebnisse erzielt. Suche deine alten negativen Glaubenssätze und ersetze sie durch neue, unterstützende Glaubenssätze. Die besten und positivsten Glaubenssätze sind auch in deiner persönlichen Überzeugung verankert. Festige diese, denn diese sind erfolgsfördernd.

Alte einschränkende Glaubenssätze [Kennzeichen: Zwang, generalisiert (immer und überall), fremdbestimmt, stresserzeugend]: Beispiele: Ich muss alles im Griff haben. Ich muss für alle da sein.

Neue unterstützende Glaubenssätze [Kennzeichen: positiv (um)formuliert, generalisiert (immer + überall), selbstbestimmt, wohltuend, befreiend]: Beispiele: Ich vertraue auf unser Team. Ich sage auch nein.

📖 **Glaubenssätze finden.**

Aufgabe: Du siehst nun ein paar Glaubenssätze. Formuliere diese um.

❶ Wer erfolgreich sein will, muss hart und viel arbeiten. Ohne Fleiß kein Preis. Ein Chef hat kein Privatleben. Früher war es leichter. Heutzutage läuft sowieso alles nur noch über den Preis. Nur wer täglich 5 Termine macht hat Erfolg. Der Markt ist schwieriger geworden. Ich habe keine Zeit für …

❷ Wenn viel zu tun ist, muss man halt durcharbeiten. Ich muss jede Situation meistern. Der Mann muss das Geld nach Hause bringen. Das muss meine Frau machen. Ich muss 3 x die Woche Sport machen. Ich tue eh schon viel für meine Gesundheit.

❸ Finde in den einzelnen Bereichen (Privat, Beruf, Gesundheit, Finanzen) mindestens 5 positive und 5 negative Glaubenssätze.

❹ Bereinige dieses Glaubenspaket und mache es zielfit mit der nächsten Übung.

❺ To do:

In NLP gibt es die Dickens-Methode, um mit Glaubenssätzen aufzuräumen: benannt nach einer Weihnachtsgeschichte von Charles Dickens. Es geht um einen alten einsamen Geizhals, der die Menschen um sich herum quält und ausnutzt. In der Nacht vor Weihnachten erscheinen ihm 3 Geister. Der Geist der Vergangenheit, der Geist der Gegenwart und der Geist der Zukunft. Alle drei Geister zeigen ihm – sehr emotional – was in der Vergangenheit schmerzhaft war, wie dunkel die Gegenwart ist und wie rabenschwarz die Zukunft sein wird. Er hält diese Gedanken und negativen Zustände schließlich nicht mehr aus und – ändert sich. Erstaunlich ist, dass ich diese Geschichte zunächst in einem NLP Buch gelesen habe. Ich habe mir gedacht, wie die wirkliche Geschichte wohl sein würde. 2 Tage später war dieser Film im Fernsehen zu sehen! Bei über 50 Kanälen, über 1.000 Filmen, Serien und Dokus pro Tag entdeckte ich genau diesen Film. Wenn ich mir keine Gedanken dazu gemacht hätte, dann hätte ich diesen Film bis heute noch nicht gesehen. Mein Unbewusstes hat für mich gesucht, danke!

📖 Glaubenssätze bearbeiten.

Aufgabe: Wähle nun einen deiner negativen Glaubenssätze aus und verändere ihn. Mit dieser Übung kannst du dann selbst noch weitere Glaubenssätze bearbeiten, die du verändern möchtest.

❶ Hemmender und negativer Glaubenssatz:

❷ Welche Überzeugungen hast du, wenn du an diesen Glaubenssatz denkst?

❸ Welchen negativen Einfluss haben diese Überzeugungen auf dein Selbstvertrauen, Erfolg, Privat, Gesundheit, Finanzen? Wenn es etwas Gutes an dem alten Glaubenssatz gibt, was ist es?

❹ Ersetze nun diese Überzeugung und finde einen neuen positiven und fördernden Glaubenssatz! Welche Vorteile bietet dir diese neue Überzeugung in .(a). körperlicher, .(b). geistiger, .(c). finanzieller und .(d). seelischer Hinsicht? Welchen Gewinn wirst du jetzt und in den nächsten 15 Jahren dadurch haben?

❺ To do:

📖 Überprüfe die Kraft eines Glaubenssatzes.

Aufgabe: Überprüfe mit dem neuen Glaubenssatz die Unterstützungskraft für die Zielerreichung. Wenn der Glaubenssatz noch nicht stark genug ist, dann stärke ihn, indem du zu den einzelnen Fragen Ergänzungen hinzufügst. Wenn es zu viele Konflikte und Zweifel gibt, können Pläne und Aktivitäten nicht effektiv ausgeführt werden. Wenn der Glaubenssatz stark genug ist, dann verwende ihn als wertvollen Unterstützer. Bewerte auf eine Skala von 1 (gar nicht) bis 10 (super) die einzelnen Fragen. Je höher die Bewertung, umso besser.

❶ Ziel, Resultat und der fördernder Glaubenssatz:

❷ Das Ziel ist erstrebenswert und lohnend. (1-10): ......

❸ Es ist möglich, das Ziel zu erreichen. (1-10): ......

❹ Ich verfüge über die zum Erreichen des Ziels erforderliche Fähigkeiten. (1-10): ......

❺ To do:

Unsere Sinne sind damit beschäftigt, Reize von außen aufzunehmen. Damit es zu keiner Reizüberflutung in der Verarbeitung kommt werden diese gefiltert. Diese Art der Verarbeitung können wir uns für die Zielerreichung zu Nutze machen. Durch gezielten Einsatz von Reizmitteln können wir bewusst das Unbewusste auf etwas aufmerksam machen. Durch die Wahrnehmungskanäle und unser Filtersystem soll alles, was zur Zielerreichung gehört, gesucht, gefunden und verwendet werden. Das Unbewusste stellt den Achtsamkeitsfilter ein. Du aktivierst körpereigene Ressourcen, damit diese unbewusst die Signale des Lebens wahrnehmen. Je stärker das Zielbild emotionalisiert ist, desto mehr kümmert sich dein Unbewusstes darum (wie ein Radar). In NLP nennt man das

Ankern. Anker kann man installieren und deinstallieren. Das funktioniert mit visuellen, auditiven und fühlbaren, also sinnesspezifischen Mitteln. Sie wirken am besten, wenn die Emotionalität beim Ankern am höchsten ist. Die Emotionalität ist am höchsten, wenn die Gedanken zum Ziel gefühlsbetont sind. Ankern heißt: das emotionalisierte Zielbild wird mit einem Reizmittel verknüpft. Und jedes Mal, wenn das Reizmittel in Sicht ist, baut das Unbewusste eine Brücke zum Zielbild auf. Dieser Reiz ist erforderlich und oft ausschlaggebend dafür, dass etwas umgesetzt wird. Der Reiz kann zum Beispiel ein bestimmtes Bild oder Wort sein: immer wenn du es siehst, denkst du ans Ziel. Es kann ein Stein sein, den du in deiner Tasche einsteckst. Immer wenn du ihn fühlst, denkst du unweigerlich an dein Ziel. Der Stein motiviert und aktiviert dich zu Handlungen.

Ich bin schon sehr gespannt darauf, wie du dieses Wissen nun gezielt einsetzen wirst. Du nimmst einen Stein oder einen anderen kleinen Gegenstand und sag deinem Unbewussten: „Immer, wenn ich diesen Stein sehe oder berühre, dann erinnere mich an das Ziel, das ich damit in Verbindung bringe!" IMMER! Dein Unbewusstes speichert diesen Input ab und erkennt augenblicklich den Zusammenhang: Stein = Ziel! Der Gedanke ist die Ursache, die Erinnerung die Wirkung. Immer wenn du den Stein siehst oder fühlst, dann …

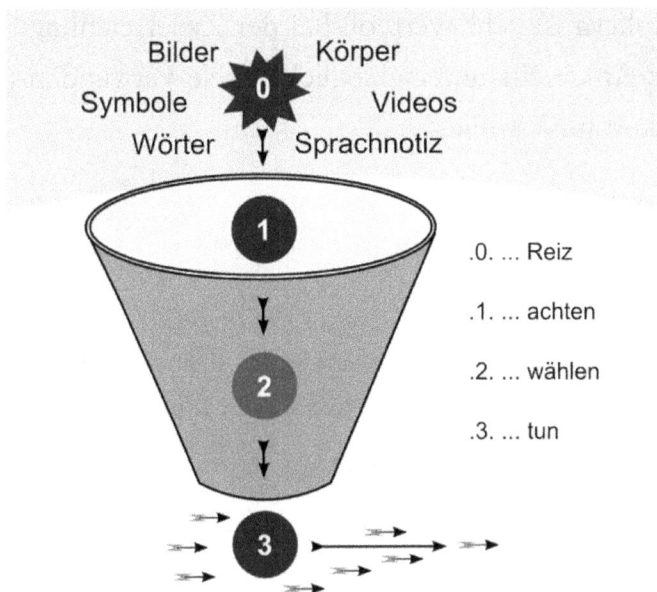

Abbildung 10: Ankern mit Reizen

Je stärker der Anker emotionalisiert ist, desto gewaltiger wird dessen Unterstützungskraft sein. Er soll dich motivieren, anregen und bewegen, den nächsten Schritt zu setzen. Und das funktioniert mit vielen sinnesspezifischen Ankern: Nimm einen bestimmten Duft, immer wenn du diesen riechst, dann … Du kannst ein bestimmtes Bild verwenden, oder ein Wort oder einen Satz. Nimm das Bild oder den Zettel stets mit auf Reisen. Eine Mindkarte eignet sich ausgezeichnet dazu. Immer wenn du sie siehst, dann … Bringe den Bildreiz am Arbeitsplatz in dein Sichtfeld: hänge das Bild auf, mach einen Sticker irgendwo an. Symbole eignen sich sehr gut dazu. Du kannst auch ein Visionboard oder das Mindboard verwenden. Das Mindboard ist dafür überhaupt bestens geeignet! Phantastisch wie es bewusst dein Unbewusstes stimuliert. Alleine der Gedanke an das Mindboard beflügelt dich in deinem Tun. Das Mindboard selbst ist ein Anker, wo du jedes Reizmittel, das damit in Verbindung steht, als Anker verwenden kannst. Der Anker für den Anker sozusagen. Damit verankerst du den Anker auf der nächsten höheren Ebene und somit wirkt er noch stärker. Such dir Anker aus, die für dich am besten dazu geeignet sind, dich an Ziele zu erinnern. Ankern ist sehr wertvoll bei der Zielerreichung. Du kannst auch unterschiedliche Anker für unterschiedliche Ziele verwenden (ein Stein für Beruf, ein Smiliepickerl für Familie, …).

📖 **Installiere einen Anker.**

Aufgabe: Suche sinnesspezifische Reizmittel und verwende diese als Anker. Einen Anker, den du sehr oft (immer) sehen, angreifen oder hören kannst.

❶ Anker, Reizmittel (zum Sehen, Hören, Fühlen):

❷ Wenn du diesen Anker siehst, was möchtest du damit bezwecken?

❸ Nimm nun den Anker sinnesspezifisch wahr (anschauen, drücken, riechen, schmecken, tasten, hören, …) und denke emotional, lebhaft und gefühlsbeton an das Ziel während du den Anker aktivierst (drücken, anschauen, …).

❹ Lade den Anker in den nächsten Tagen 3 x täglich auf und arbeite in Folge damit. Wenn er dich zum Handeln motiviert, ist er aufgeladen. Wenn nicht, dann lade ihn weiter auf oder wähle einen besseren.

❺ To do:

Verstehen und bewegen

Wir sind ununterbrochen mit der Außenwelt in Verbindung. Über unsere Wahrnehmungskanäle wie Sehen, Hören, Fühlen verarbeiten wir die Reize von außen. Diese Informationen werden unmittelbar nach der Aufnahme gefiltert: wir generalisieren, tilgen und verzerren durch persönliche Werte, Regeln, Erinnerungen, Glaubenssätze, Metaprogramme. Diese werden unter bestimmten Bedingungen gerahmt, wie interne Darstellung, Zustand oder

Physiologie und das bewirkt dann eine Entscheidung. Das wiederum schafft ein Verhalten und somit eine bestimmte Reaktion. Wenn wir sprechen, wirken wir zu 10 % durch das Wort, zu 30% durch die Art und Weise der Sprache und zu 60% über unser Auftreten und somit auch über unsere nonverbale Sprache. Wenn unser Filtersystem tilgt, verzerrt und generalisiert, passiert folgendes: Ein Teil wird ausgeblendet, unvollständig erzählt, neu interpretiert. Sprache ist eine der wichtigsten Möglichkeiten, menschliche Erfahrungen auszudrücken und sich miteinander zu verständigen. Durch die Filter passieren aber viele Missverständnisse.

Wenn wir etwas schon kennen, wollen wir auch Zeit und Energie sparen. Der Mensch geht bewusst und unbewusst den einfachsten Weg. Erinnerungen, Entscheidungen, Einstellungen, Werte, Überzeugungen, Filter, Regeln sind der Kern unserer Persönlichkeit. Wenn wir einen Raum betreten und einen Partner suchen, gehen wir zu ihm, sobald wir ihn gefunden haben. Wir haben den Partner bewusst sucht. Das Unbewusste filtert die anderen Wahrnehmungen weg. Wir sehen sicherlich auch die Decke des Raumes. Diese Wahrnehmung ist aber nicht wichtig und wir fragen nicht, ob die Decke uns auf den Kopf fällt. Wir konzentrieren uns auf das Ziel, darauf wie der Weg dorthin ist, ob Gegenstände oder andere Personen im Raum sind. Wir beobachten Details oder nehmen einen Gesamtüberblick vom Raum. Wir nehmen ähnliche oder unterschiedliche Dinge wahr. Wir entwickeln auch bei Kaufverhalten solche Muster, um Zeit und Energie zu sparen. Für manche Menschen ist der Preis wichtig, für andere Vorteil und Nutzen. Für andere wiederum was sie alles verpassen könnten. Und hier passiert etwas sehr wichtiges: motivationsauslösende Merkmale regen unser Interesse an. Nicht motivationsauslösende Merkmale nicht. Motivationsaufrechterhaltende Merkmale beschreiben, wie eine Person Informationen verarbeitet. Welche Art von Aufgaben interessant ist und welche Umgebung sie braucht um maximal produktiv zu sein, sowie wie sie Entscheidungen trifft.

Diese Metamodelle unserer Persönlichkeit sind sehr, sehr wichtig für uns, sie prägen uns. Warum wir etwas tun, wie wir etwas tun, warum wir nichts tun, … all das wird durch unsere Metamodelle bestimmt. Die LAB Profile (language and behavier) hindern und fördern uns bei der Umsetzung. Wenn du über deine Hinderer und Förderer im Bereich Ziel-, Zeit-, Energiediebe nachdenkst, erkennst du viele Metamodelle die wirken.

📖 Motivationsauslöser und Erhalter finden.

Aufgabe: Suche auslösende (1-4) bzw. aufrechterhaltende (5) Merkmale.

❶ Ergreifst du oft die Initiative, oder wartest du meist ab, bis Andere etwas tun? Was ist dir in dem Kontext Beruf wichtig (Kriterien)?

❷ Motiviert es dich, wenn du das Ziel ansteuern kannst? Oder kommst du ins Tun, wenn du dich von Problemen weg orientieren kannst?

❸ Woran erkennst du, ob du etwas gut gemacht hast? Weißt du es selbst, oder durch das Feedback von außen?

❹ Wie reagierst du auf Veränderung? Willst du Alles lieber gleich belassen, etwas verbessern oder radikal verändern? Wie sieht der Denkprozess aus? Werden ständig Alternativen gesucht oder etablierte Prozeduren befolgt?

❺ Arbeitest du am besten alleine, lieber mit anderen zusammen oder bevorzugst du es gemeinsam zu arbeiten? Konzentrierst du dich mehr auf Menschen, Sachen oder Systeme? Musst du etwas sehen, hören, lesen oder tun, damit du von davon überzeugt wirst?

Ich habe mal gelesen, dass der Mensch durchschnittlich eine halbe Stunde pro Tag glücklich ist. Eine halbe Stunde, nicht mehr. Wahnsinn, oder? Es wird

Tage geben, da sind wir sicherlich länger und öfters glücklich. Aber so richtig bewusst glücklich ist der Durchschnittsmensch nun mal nicht länger. He, wirst du jetzt protestieren, ich bin kein Durchschnittsmensch! Tja, das behaupten Alle. Aber durch negative Bilder, ungesunde Glaubenssätze und destruktive Zellerinnerungen ist der Mensch sehr oft im Modus Angst, Vermeiden, Bekämpfen. Wenn du eine Zeitung liest: Wie oft wird dein Unbewusstes im negativen Modus sein, und wie oft im positiven? Unser Emotionalgehirn schaltet in den Modus Kampf oder Vermeiden, wenn Stress erzeugt wird. Stress baut sich unbewusst auf. Wir laufen ja nicht davon, wenn wir die Zeitung lesen. Wir reagieren unbewusst. Unser Unbewusstes spult das Stressprogramm ab, ohne dass wir es im Augenblick bewusst merken. Diese Energie fehlt irgendwann einmal am Tag. Unser Unbewusstes konzentriert sich auf Gefahrenabwendung und schaltet damit auch den Wachstums- und Selbstheilungsprozess ab. Mit fatalen Folgen: Irgendwann einmal ist der Körper überfordert – es folgen „gerne" Burnout und Krankheiten. Das Gefühl der Machtlosigkeit lähmt, unser Parasympathikus hat freie Fahrt. Was macht er? Bremsen. Er kann nur bremsen. Und wenn keiner Gas gibt, bleiben wir stehen. Unser Hirn besitzt nach wie vor das urzeitliche Flucht- und Kampfwarnsystem und es funktioniert nach wie vor genauso. Aber anstatt dass wir uns gegen Hunger, Erfrieren und Tod wehren müssen, verhält sich unser Hirn nun in „gefahrlosen" Situationen ebenso. Eine negative Bewertung reicht oft aus und wir aktivieren Gefahrenmodi. Über 90% aller schlechten Gefühle sind Missverständnisse. Unser Weltbild ist unsere Wahrheit. Im Gefahrenmodus gibt es keine Selbstheilungs- und Wachstumskräfte die wirken.

Wenn wir unsere Realität gestalten, ziehen wir das an, was wir denken. Was wir emotional fühlen. Wir haben aber ein Problem, wenn die Notwendigkeit, etwas zu brauchen größer ist, als die Wahrscheinlichkeit, es zu bekommen. Um das Problem zu lösen, können wir die Notwendigkeit reduzieren oder die Wahrscheinlichkeit des Eintritts erhöhen. Jeder Schritt zum Ziel erhöht die

Wahrscheinlichkeit. Je näher du dem Ziel kommst, umso wahrscheinlicher ist es, dass du es erreichen wirst. Die Anziehung des Zieles wirkt auch bei Nichtzielen. Ich will nicht pleite werden, ist ein Nichtziel. Je mehr Geld du brauchst, umso wahrscheinlicher wird es, dass du noch mehr brauchst! Mit jedem Gedanken erhöht sich die Anziehungskraft auf das Nichtziel. In dem Augenblick, wo wir in einem Kampfmodus sind, sucht unser Hirn nach Kampfaufgaben. Und zieht das an, wofür wir kämpfen können. Unser Fokus ist auf der Suche und findet genau das! Weil wir alles andere ausblenden. Wir gestalten unsere Realität und diese wird bestätigt, sodass wir im Kampfmodus bleiben. Ich brauche Geld! Etwas Negatives reduzieren zu wollen, bringt uns unweigerlich in den Kampf-, Flucht-, Totstell-, oder Vermeidungsmodus. Positives vermehren zu wollen, führt uns zu Freude, Spaß, Genuss, Zuneigung.

> Richte den Fokus bei deinem Partner auf das, was du haben möchtest. Erkenne das Positive an ihm (ihr!), lerne es wertzuschätzen, sei dankbar!

Folgende Fragen können dir bei der Entscheidung helfen, welchen Modus du haben willst. Denke den Prozess zuerst im negativen Modus und dann im positiven durch.

📖 Zustandsmanagement. Wirkungsanalyse Modus 1 + 2.

Aufgabe: Überlege dir 3 Beispiele und formuliere diese jeweils im entsprechenden Modus. Betrachte die Firma, den privaten, gesundheitlichen oder finanziellen Bereich. Formuliere zunächst ein Beispiel im Kampfmodus und wandle es anschließend in den Erfolgsmodus um.

(a) Modus 1 (erzeugt den Kampfmodus): die Motivation ... loswerden zu wollen. Beispiel: Ich möchte .... los werden! Ich will nicht xxx! Ich bin nicht xxx!

(b). Modus 2 (erzeugt den Erfolgsmodus): die Motivation ... als erwünschtes Ziel zu erreichen und unterstützend zu helfen. Beispiel: Ich möchte ... erreichen! Ich will xxx sein! Ich bin xxx!

❶   Wie wirkst du auf andere Menschen, wenn du dich in diesem Modus befindest?

❷   Wie groß ist deine Leistungsfähigkeit? Kannst du damit gute Chancen erkennen? Gute Ideen kreieren? Kannst du dabei auch entspannen, wenn du daran denkst?

❸   Was wirst du zurück gespiegelt bekommen, wenn du Angst und Unsicherheit aussendest?

❹   Wie glücklich fühlst du dich in diesem Modus? Wie groß wird der Energielevel sein?

❺   To do:

Stell dir vor, du zahlst € 1 für jede Minute, in der du in einem negativen Modus bist. Vielleicht denkst du jetzt, € 1, was ist das schon. Vorsicht: Abgesehen von 30 Minuten pro Tag ist der Durchschnittsmensch im negativen Modus. Du als Leser bist hoffentlich um einiges mehr im positiven Modus.

Aber selbst wenn du nur 30 Minuten täglich in einem negativen Modus bist, sind das € 30 pro Tag. Mal 30 Tage im Monat sind das € 900. Mal 12 also knapp € 10.000 pro Jahr. Das ist doch schon eine nette Summe. Das kostet es dich, das ist der Preis. Je mehr du in dem täglichen negativen Modus bist, desto größer auch der Energieverlust bei dir selbst. Der Preis ist weniger Zeit, Geld und Energie. Vorsicht: Wir reden von durchschnittlich 30 Minuten pro Tag! Bei 2 Stunden reden wir schon von einem Betrag in der Höhe von € 40.000. Das ist dein Verlust, um den du pro Jahr weniger Erfolg hast. Das macht sich bemerkbar auf der Ebene Zeit, Geld und Energie. Eine ordentliche Summe, oder?

Das Umsetzungsschwungrad und 4 goldene Regeln

Du wirst sicherlich schon des Öfteren in eine Situation gekommen sein, wo du ein und dieselbe Sache unterschiedlich angegangen bist. Ob man etwas tut oder nicht, hängt von mehreren Faktoren ab.

Unsere Einstellung zu einer Sache ist hier sehr wichtig. Der Wille versetzt Berge. Mach dir bewusst, dass du etwas tun kannst und übernimm die Verantwortung für das Tun. Mach dir so oft den Erfolgsmodus bewusst, dass du automatisch im Erfolgsmodus denkst und handelst. Je leidenschaftlicher du es tust, desto größer der Antrieb.

Unser Unterbewusstsein kann nicht zwischen Vorstellung und Realität unterscheiden. Eine bereits erlebte Erfahrung hat also den gleichen Stellenwert für unser Gehirn, wie ein Erlebnis, das du dir sehr intensiv vorstellst. So, als ob es eingetreten wäre (obwohl es das noch nicht ist). Für das Unbewusste macht das keinen Unterschied. Weißt du, warum es noch wichtig ist? Hindernisse tauchen sowieso immer auf. Wenn du dir das Ziel vorstellen kannst, sieht das Unbewusste dieses Hindernis nicht als Gefahr, sondern als Aufgabe, die es zu lösen gilt. Das Unbewusste erledigt die Sache für dich, indem es dich zum

Handeln motiviert. Du tust es dann einfach. Andersrum gilt, wenn du dein Ziel nicht stark visualisierst, dann erscheint dieses Hindernis plötzlich unüberwindbar. Es ist das gleiche Hindernis, doch dir fehlt Anziehungskraft des Zieles, du kannst jetzt die Hürde nicht bewältigen.

Setz dir ein klares Ziel, das so wertvoll und wichtig ist, dass du es erreichen willst. Der Wert des Zieles muss hoch genug sein, um Hindernisse leicht zu beseitigen. Wenn du das Motiv kennst, das hinter dem Ziel steckt, dann kannst du damit die Zielkraft erhöhen. Auch hier: bewusst machen, immer wieder bewusst machen. Und das mit einer gehörigen Portion Gefühl.

Je flexibler du auf das Eingetretene reagierst, desto leichter tust du dir damit. Wenn dein Ergebnis nicht den Erwartungen entspricht, dann ändere deinen Blickwinkel. Das heißt nicht, dass du dich mit weniger zufrieden geben musst. Nein, aber du musst dich nicht in einen negativen Modus bringen, wenn du es nicht erreicht hast. Die Motivation über den Schmerz ist ok, aber nur zur Aktivierung fürs Tun. Die Wahrheit deiner Welt ist die Welt in der du lebst. Obwohl wir Menschen alle auf der gleichen Welt leben, hat jeder ein anderes Weltbild. Also, warum nicht ein bisschen flexibler auf das Ganze reagieren. Denn, ändern kannst du die Gegenwart nicht mehr. Keiner schafft das. Nicht einmal die Geschichtserzähler. Aber die Zukunft, die kannst du in jedem Fall gestalten.

Dein Fokus lenkt und steuert dein Geschick. Ein negativer Fokus filtert das Positive raus, ein positiver das Negative. Das heißt nicht, dass du alles durch die rosarote, positive Brille betrachten sollst. Du kannst auch traurig und auch mal zornig sein. Hin und wieder tut es gut, Dampf abzulassen. Aber lass nicht zu, dass dein Bewusstseinszustand einfach negativ weiterläuft. Vielleicht war der Wutausbruch an und für sich mal gut. Überleg dir aber trotzdem eine andere Strategie, damit du in der nächsten vergleichbaren Situation, auch einfach mit einem Lächeln reagierst. Alles, worauf du dich konzentrierst, wächst. Alles andere verkümmert. Gieße dir deine Glücksfaktoren. Ein maximaler Fokus auf eine Sache bringt ordentlich Schwung. Gefahr droht oft von außen, also übernimm nicht automatisch den Fokus anderer Menschen. Damit der Fokus auch dort ist, wo er sein soll: verwende die 8 Stundenwoche. Damit richtest du automatisch den Fokus laufend auf deine Ziele.

Eine Zielerreichung bedingt gewisse Schritte. Damit diese auch tatsächlich gemacht werden, können dir die 4 goldenen Regeln weiterhelfen. Damit bringst du das Umsetzungsschwungrad in Fahrt:

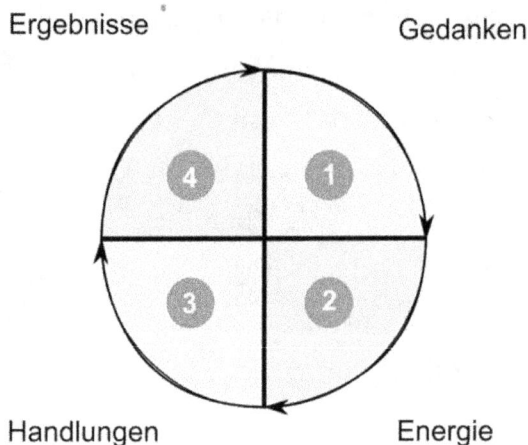

Ergebnisse   Gedanken

4   1

3   2

Handlungen   Energie

Abbildung 11: das Umsetzungsschwungrad

.1. Gedanken: überzeugt sein und daran glauben = Basis
.2. Energie wird in Folge frei, diese bringt Extra-Motivation mit
.3. Handlungen und aktives Tun wird dadurch gefördert
.4. Ergebnisse sind das Resultat.

.1. Gedanken emotionalisieren:

Stell dir das Ziel lebhaft und mit allen Sinnen vor. Emotionalisiere das Zielbild. Arbeite mit positiven Glaubenssätzen, Überzeugungen und lebe deine Werte. Zu den Gedanken gehört auch der Wille: „Ja, ich will!" Wenn das Zielbild lang genug im Bewussten emotional brennt, kommt das zielgerichtete Handeln automatisch. Wenn das Zielbild emotional brennt, dann erkennt das Unbewusste auch die Notwendigkeit der Zielerreichung an. Statt notwendig kann man auch wichtig sagen. Wenn es wichtig genug erscheint, fängt sich das Rad des Umsetzens zu drehen an. Stell dir die Zielerreichung vor, reinige deine Gedanken von Zweifeln und Ängsten und stärke deine Gedanken, damit diese Engpässe beseitigen können.

.2. Energetisierte, kommunikative Motivation:

Durch energetisierte Gedanken wird der Drang zum Umsetzen immer stärker. Diesen Drang kannst du verstärken, indem du regelmäßig zusätzlich dich fördernde Motivationstechniken einsetzt. Eigne dir auch eine fördernde Kommunikationsstrategie zwischen dem Bewussten und dem Unbewussten an. Damit pumpst du ständig Luft in das Schwungrad. Wenn die Kraft des Antriebs größer ist, als die Summe der Schwerkraft des Stillstands und der einwirkenden und hindernden Faktorkräfte, dann wird der Energievorrat immer größer. Hindernde Faktorkräfte können von Innen und von außen kommen. Innerliche (eigene, persönliche) müssen überwunden werden. Äußeren (von anderen Menschen, Umständen, Sachen, Systemen, …) musst du widerstehen. Sind die Faktorkräfte der Einflussfaktoren größer, als die Willenskraft, wird man in die Richtung der anziehenden Kräfte gezogen. Das ist stets weg von den eigenen Zielen. Innere Faktoren (wie der innere Schweinehund, Bequemlichkeitszonen, rasche Triebbefriedigung, Angst vor Grenzüberschreitungen) und äußere Faktoren (wie Suchtmittel, Verwöhnung,

Luxus) streben oft „selbständig" nach Befriedigung. Selbständig, weil der Autopilot irgendwann einmal wie ein Perpetum Mobile sich scheinbar selbst antreibt. Das zapft die eigenen Ressourcen, Kräfte, Energien an. Diese laufen dann quasi aus, man ist irgendwann einmal leer und kommt bei übermäßiger Triebbefriedigung nur mehr sehr schwer aus diesem Zustand raus. Das Blick- und Denkfeld wird immer kleiner und blockiert einen bis zur vollständigen Lähmung. Also kräftige kontinuierlich gute Gedanken durch bewussten Aufbau deines Energievorrats. Wenn die Schwellengrenze zur Umsetzung erreicht ist, dann dreht sich das Schwungrad in den dritten Bereich.

.3. Positivierte Handlung:

Was tust du am liebsten und mit großer Leidenschaft? Zünde ein Feuerwerk der Begeisterung. Nur wenn die Personen, die Sache und die Systeme emotionalisiert und mit positiven Gefühlen belebt sind, dreht sich das Rad mit spielerischer Leichtigkeit. Mache dann einen Schritt nach dem anderen. Wer das Feedback seines Tuns regelmäßig verarbeitet, nutzt Feedback als Orientierungshilfe. Somit werden von Haus aus unnötige Leerkilometer vermieden. Leerkilometer sind sicherlich auch nützlich, um daraus lernen zu können. Wenn man merkt, dass man nicht mehr auf dem Kurs ist, kann man einen anderen Weg einschlagen. Wer bis ans Ende der Sackgasse fährt, hat einen sehr langen Weg zurück. Oft reicht dann die Kraft und Energie nicht mehr aus, um zurück zu kommen. Die 3 Wege Strategie (Vision, Leistung, Erholung) sorgt dafür, dass du dein Ziel erreichst, ohne zu verbrennen. Wer nur träumt, verliert sich in Gedanken. Wer nur rennt, überfordert seinen Körper. Wer sich nur erholt, kommt nicht vom Fleck. Wer die 3 Wege Strategie beherzigt, wird auch nach Erreichung eines Zieles neue Motivationen für Neues haben. Damit hat er Fähigkeiten entwickelt, die ihm helfen, nach einem großen Lebensziel neue Ziele umzusetzen. Vielleicht kennst auch du Menschen, die nach dem Eintritt in die Pension in eine Leere fallen. Sie werden oft krank. Das ersetzt Ihnen die Auslastung des Berufes, denn jetzt sind sie damit beschäftigt, sich um seine Krankheit zu kümmern.

.4. Emotionalisierte Ergebnisse:

Das Schwungrad hat eine ganz einfache Ursache-Wirkungskette zur Grundlage. Das Rad fängt bei 1 an sich zu drehen. Nicht bei 2, nicht bei 3, nicht bei 4. Viele starten mit Powermotivation, das Rad dreht durch, bewegt sich aber nicht vorwärts. Wenn du dir zum Ziel setzt, 20% mehr Ertrag erreichen zu wollen, dann wird es höchstwahrscheinlich nicht eintreten. Zahlenziele, die nicht durch 1, 2, 3 verursacht werden, fehlt der Antrieb. Es ist vermeintlich sehr einfach und auch logisch. Doch hier liegt ein Schlüssel zum Erfolg, den nicht jeder nutzt. Der eine nimmt ihn, der andere nicht. Und auch hier, nur das Ergebnis einzufahren, ist auf die Dauer gesehen zu wenig. Das Erreichen der Ziele gehört mit Ergebnisbildern belebt. Jubeln, feiern, genießen, abhaken (bewusst dem Unbewussten mitteilen, jetzt ist dieses Ziel erreicht) und somit dem Unbewussten auch die nötige Anerkennung geben, gehört dazu. Ebenso, dass du dir den Weg vorstellen kannst und einzelne Phasen aufleben lässt.

Wie kannst du nun das Schwungrad nutzen? Indem du mit dem 1. Punkt startest. In Teil 4 hast du eine Übersicht über intelligente Werkzeuge. Hier kannst du nachschauen, wann du am besten welches Werkzeug benutzt.

Faustregel Nr. 1: Wenn du vorankommst, bist du auf dem Weg. Wenn du zu schnell bist, wirst du es merken. Entweder von selbst (Erholung ist angesagt) oder von außen in Form von Feedback. Aber, die Signale von außen musst du erst wahrnehmen und als solche annehmen. Widerstände und Engpässe haben nicht einfach ein Plakat umhängen: „Hallo, ich bin dein Engpass! Herzlich Willkommen an Bord. Du kannst mich beseitigen, indem du …!" auf.

Faustregel Nr. 2: wenn du nicht vorankommst, dann stimmt Etwas nicht. Nun kannst du bei Punkt 1 ansetzen oder bei 2. Korrigiere Gedankenfehler (auch in den Annahmen), stärke dich, den Glauben, das System oder die Sache, die Bilder, …. Wenn der Widerstand nicht allzu groß ist, dann reicht es vielleicht, wenn du dich mit dem 2. Teil beschäftigst, um wieder bei der 3. Phase anzugelangen. Wenn du in der Phase 4 bist, dann starte einfach wieder mit einem neuen Ziel bei 1. Wenn das Rad einmal stehen soll, dann stell es ab. Bis der Kopf wieder frei ist und du neue Ziele ins Auge fassen kannst.

Gewisse Bereiche, Dinge, Personen und Systeme brauchen ihre Zeit zur Entwicklung. Ein weitverbreiteter Grund, warum Ziele nicht erreicht werden, ist, dass viele Menschen zu früh aufgeben. Regelmäßigkeit, Ausdauer, Disziplin und Konsequenz sind Erfolgsfaktoren zur Zielerreichung. Auch wenn der Weg manchmal sehr anstrengend, mühsam und hart sein kann. Und hier hilft dir wieder die 3WegStrategie weiter: Wenn du immer nur auf dem Leistungstrip bist, dann bist du irgendwann ausgelaugt. Visionäre müssen auch ihre Strategie umsetzen, sonst bekommen auch diese nichts. Sich zu entspannen und erholen gehört ebenso regelmäßig, konsequent und diszipliniert durchgezogen.

Der hypnotische Mindcode

Unser Hirn wird in eine linke und eine rechte Hälfte eingeteilt. Die linke Ebene bearbeitet alles rund um das Logische, die rechte alles rund um das Emotionale. Kennst du die Kunst der richtigen Kommunikation mit dem Unbewussten? Viele Menschen kommunizieren vorwiegend über die logische Ebene. Logische und rationale Erklärungen werden bewusst eingesetzt, gerade dann, wenn es um Vorsätze oder Pläne geht. In dem Buch „the healing code" wird dazu Folgendes gesagt: „Herz besiegt Kopf!" Logischen Argumente sind gut und auch nützlich, aber der Einfluss auf dein Unbewusstes ist damit gering. Darum scheitern viele Vorhaben, weil sie nur logisch argumentiert werden. Das Gefühl gehört dazu. Die sinnliche Vorstellung der negativen und positiven Konsequenzen ermöglichen Veränderungen.

Wir wollen uns nun damit beschäftigen, wie du mit deinem Unbewussten ausgezeichnet kommunizieren kannst. Wenn dein Unbewusstes dich versteht und zu deinen Zielen führt, dann ist dir das bestens gelungen.

Damit etwas Kompliziertes zusammen gebaut werden kann, fängt man am besten mit einfachen Teilen an. Wie beim Puzzlebauen, wo man zunächst gerne mit den Randteilen anfängt. Diese Randteile sind der Rahmen, und so fängt man in der Kommunikation mit dem Unbewussten auch am besten mit einem Rahmen an. Eine Vorlage erleichtert dir die Zielvorstellung. So weißt dein Unbewusstes, welches Bild du zusammenbauen willst. Damit weißt du nicht nur, wie das Zielbild ausschauen soll und welche Puzzleteile zusammen passen werden, es dient auch zur Orientierung und Motivation. Selbst wenn du 3 sehr große Puzzles auf einen Haufen vermischt, wirst du die Teile für das fertige Zielbild erkennen. Der Rahmen und die Vorlage sind in der Kommunikation ein schriftliches Zielkonzept, gerne auch strategisches Konzept genannt. Damit erkennt dein Unbewusstes, dass es für dich genau das am Wichtigsten ist.

Unser Unbewusstes kommuniziert mit Bildern. Unser Nervensystem ist eine riesige Bildersammlung. Jeder Einfluss von außen wird mit der Bildersammlung verglichen, ergänzt und erweitert. Bilder werden mit allen sinnesspezifischen Eindrücken abgespeichert. Jeder Mensch hat unterschiedliche sinnesspezifische Präferenzen. Es gibt Menschen die wollen lieber Bilder sehen als viel lesen. Dann ist es wichtig, in der Bildsprache das Konzept zu erstellen oder zu ergänzen. Es gibt Menschen, die bevorzugt etwas hören oder tun wollen. Dann müssen sie auditive Informationen ins Konzept hinzunehmen. Bilder bestehen dann auch aus auditiven Bildinformationen. Darum sind auch Anker so wichtig:

damit wird das Unbewusste gezielt erinnert. Ankern oder Reizen heißt nichts anderes, als das Unbewusste zu erinnern, aufmerksam und achtsam für das Zielbild tätig zu sein.

Durch ständige Wiederholungen, dem Üben und dem Tun festigst du die Struktur deiner abgespeicherten Bilder in den Nervenbahnen. Die Bilder sind Energiemuster, Energiebündel und Verbindungen von Nervenzellen. Je stärker du eine neue Struktur aufbaust, desto leichter fällt es dir, einen neuen Weg zu gehen. Mit einer ausreichend großen Anzahl von Wiederholungen einer neuen Verhaltensweise baust du eine so starke Struktur auf, dass du alte und festgefahrene Gewohnheiten entgegen wirken kannst. Der Aufbau entwickelt sich ungefähr so: Wenn du Etwas einmal machst, dann bildet sich ein schwacher Pfad. Wenn du Etwas über 21 Tage hinweg tust, dann entsteht ein breiter Weg. Hier kann man schneller, sicherer und bequemer fahren. Starke Gewohnheiten haben die Breite einer Autobahn. Wenn du eine Verhaltensweise über 12 Wochen lang beibehältst, dann hast du eine breite Fahrbahn aufgebaut. Das ist nichts Anderes als eine starke Struktur, die du geschaffen hast. Ja, du kannst tatsächlich konkrete Nervenverbindungen entstehen lassen. Es fällt dir dann leichter, den neuen Weg zu gehen. Du hast keine Ängste mehr vor dem Unbekannten, weil du diesen Weg jetzt kennst.

Visualisierung ist ein Sprachwerkzeug in der Kommunikation mit dem Unbewussten. Stell dir die Zielerreichung bildhaft und in allen wichtigen sinnesspezifischen Merkmalen lebhaft vor. Ebenso den unmittelbar vor dir liegenden Weg. Es heißt in zahlreichen Büchern oft auch so: „Visualisiere dein Ziel, knüpfe Kontakt zum Universum, tue so, als ob du das Ziel schon erreicht hast, und du wirst das Ziel erreichen. Oft klingt das so, als ob man nur warten muss. Dem ist aber nicht so. Die Natur kommt dir auf dem halben Weg entgegen, aber den ersten Teil des Weges musst du schon selbst gehen. Dann eröffnen sich neue Chancen und Möglichkeiten und diese können dir dazu verhelfen, dein Ziel zu erreichen. Und die erste Hälfte des Weges kann auch sehr, sehr anstrengend sein. Misserfolge gehören dazu. Deswegen ist Ausdauer sehr gefragt und eine mentale positive Lebenseinstellung.

Hypnotische Sprachmuster sind im gewissen Sinne Mindcodes. Mindcodes sind mitunter auch dazu befähigt, den bewussten Verstand zu umgehen. Damit kommunizierst du direkt mit deinem Unbewussten. Zahlreiche Ressourcen, die für die Zielerreichung notwendig sind, werden vom Unbewussten gesteuert, und nicht vom Bewussten. Mit entsprechenden Sprachmustern kannst du diese Ressourcen aktivieren. Der bewusste Verstand blockiert oft und ist nicht der richtige Ansprechpartner für eine unbewusst gesteuerte Umsetzung. Früher oder später wirst du vielleicht auch feststellen dass du Tatsachen erzeugst ohne kausalen Zusammenhang. Kausale Zusammenhänge werden gesucht, aber nicht gefunden, weil sie sich irgendwo, irgendwann, irgendwie im Kreis drehen. Hast du den Unterschied bemerkt? Der Unterschied ist die Veränderung und dadurch werden Grenzen überschritten. Überschrittene Grenzen erweitern den Horizont und lassen die Sonne rein. Sonnenstrahlen überwältigen logische Schutzschirme und so dringt wertvolle Information bis zu den Zellen im Unbewussten vor. Das ermöglicht den ungehinderten Transport deiner Anweisungen. Keine Filter, Schranken oder andere Verhinderer blocken sie ab. Und das ist gut so, denn das ermöglicht es dir, deine Ziele zu erreichen. Je mehr du deine Ziele erreichen willst desto besser. Was wirst du als Erstes machen, wenn du dein Ziel erreicht hast? Wenn du erst realisiert hast, dass abgespeicherte Bilder und Weltvorstellungen oft mit ungesunden Glaubenssätzen, destruktiven Zellerinnerungen und negativen Bildern verbunden sind, wirst du erkennen, dass diese in bestimmten Situationen negativ emotionalisieren und dein Zielbild überlagern. Dann kann es sein, dass dein Zielbild nicht stark genug ist, um diese Wirkkräfte zu überbieten.

Wie du siehst, ist es sehr wichtig, dass du dich mit deinen Kommunikationsmustern beschäftigst. Dank unseres Unbewussten werden die Informationen wahrgenommen und gefiltert. Mit den angekommenen

Informationen steuert nun das Unbewusste das Bewusste. Die Sprache des Bewussten muss mit bestimmten Sprachcodes erweitert werden, damit sie das Unbewusste versteht und zielorientierte Aktivitäten ergreift. Die Anwendung des Codes und der richtigen Sprache bewirkt folgendes:

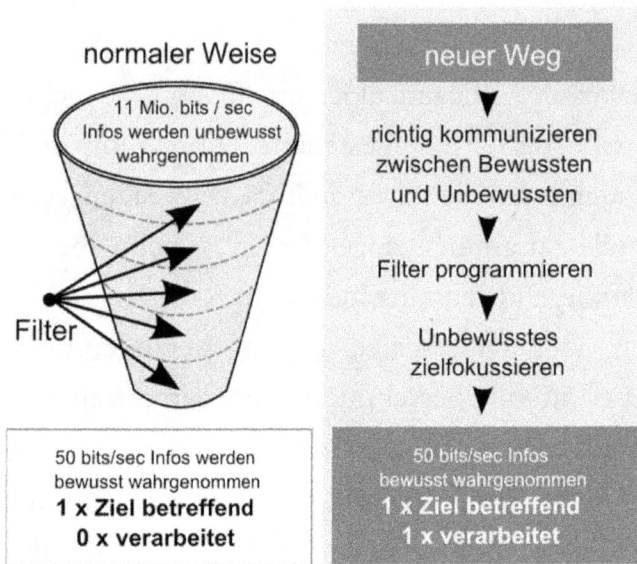

Abbildung 12: interne Kommunikation verändern

Der hypnotische Mindcode:

1. Entscheide dich täglich bewusst für „START", um die notwendigen Schritte anzupacken. Sprich dieses „START!" ganz bewusst aus. Damit öffnest den Sprachkanal zum Unbewussten.

2. Schenk deine ganze Aufmerksamkeit dem Ziel und der Aufgabe. Stell dir vor, was du erreichen willst. Stell dir vor, was dich davon abhalten könnte und wie du dieses Hindernis beseitigen wirst. Stell dir vor, wie du es umsetzt bis hin wie du dich dafür belohnen wirst.

3. Halte schriftlich fest, was du erreichen willst und was du dafür tun wirst. Mit einem Plan B beugst du Rückschlägen vor. Nimm dein Projekt, deine Absichtserklärung und leg die nächsten Schritt fest.

4. Stell dir die negativen Konsequenzen des Nichttuns und des Tuns vor. Stell dir dann die positive Konsequenz der Umsetzung vor.

5. Sag ganz bewusst: JETZT! Möge die Umsetzung um das Hundertfache und mehr steigen (dies sagt dem Unbewussten, wie wichtig es ist!) – ankere dieses JETZT (mit etwas, das dich an die Umsetzung und das Ziel erinnert: jedes Mal, wenn du das siehst oder machst, tust du es JETZT!) -

6. Lächle, schau in den Spiegel (Augen für Herz-Kopf Kontrolle) und starte augenblicklich! Damit kommst du in einen sehr guten und ausgezeichneten Zustand.

Abbildung 13: der hypnotische Mindcode

Formel fürs Umsetzen.

1. **Sprich ganz bewusst:** "START! Mindcode: Ich denke nach und mache es. Es ist mein Leben. Wenn nicht jetzt, wann dann? Wenn nicht ICH, wer dann? Wenn nicht DAS, was dann? Ich vertraue auf mich, andere tun es auch. Es ist sehr viel möglich, wenn ICH es mache. Am besten ist, ICH fange jetzt damit an."

2. **Stell es dir vor und sprich:** "Ich möchte ... erreichen." "Hindernisse sind Feedback, das löse ich aber souverän!" - "So werde ich es umsetzen .... und mich mit ... belohnen! "

3. **Schreibe es schriftlich nieder und programmiere dich damit:** Ziele, Strategie, Plan B, Strategiekonzepte, ... Projekt, ...

4. **Stell dir zunächst die negative Konsequenz vor.** Und dann die positive Konsequenz des Tuns oder Nichttuns.

5. **Sage bewusst:** "JETZT! Möge die Umsetzung um das Hundertfache und mehr steigen und das Licht (Gottes) mich erfüllen"– und ankere es JETZT

6. Lächle, schau in den Spiegel □ (Augen für Herz-Kopf Kontrolle) und starte jetzt!

Das ist eine gebrauchsfertige Formel, die du gerne auf deine Bedürfnisse, Werte und Spiritualität anpassen kannst. In Punkt 5 ist die Unterstützung Gottes integriert. Wenn du gläubig bist, dann passt es ausgezeichnet. Wenn nicht, dann verwende starke Symbole aus der Natur, Familie, Geschichte, ...

Ein Zahlencode zum leichter Merken: Mit dem Hypnosespruch aktivierst du dein Unbewusstes. Damit es noch mehr wirkt, kannst du diesen Spruch kodieren und verschlüsseln. Dafür schreibe dir für jeden Schritt eine Zahl von 1 bis 10 auf (schreib die Zahlen auf, die dir spontan einfallen). Die Zahlen zählst du dann zusammen (z.B.: 3 + 4 + 5 + 2 + 1 + 1 = 16). Das ist nun dein verschlüsselter Code. Immer wenn du diese Zahl sagst, aufschreibst (16), siehst oder denkst, dann ist das der Erinnerungsanker für dein Unbewusstes. Du unterstützt somit das Unbewusste. Erweitere Punkt 5 um diesen Schritt: sage am Ende noch die Zahl "16", schreibe sie auf. Du kannst die Zahl sogar auf einen auch ganz kleinen Zettel schreiben und in deine Brieftasche geben.

Pimp up your Bilder

Je öfter du deine Ziel-, Aufgaben-, Wegbilder programmierst, umso besser. Aber aufpassen: nicht zu viel und natürlich auch nicht zu wenig. Wie bei Allem kommt es auf die Dosierung an. Sich 3 x täglich 3 Minuten zu programmieren wirkt Wunder. Es ist wie Vitamin C, man braucht es jeden Tag von neuem. Eine regelmäßige Bildprogrammierung ist wichtig, weil

- Sie dient als Brücke zur besseren und verständlichen Kommunikation zwischen Bewussten und Unbewussten.
- Sie dient im Meer der Informationsinflation zur Orientierung für das Bewusste und das Unbewusste (Signalwirkung).
- Es stärkt Nervenbahnen, die Entscheidung für den neuen Weg wird immer leichter und die Gewohnheits-DNA gefestigt.
- Emotionalisierte Bilder strahlen und leuchten nach innen und nach außen. Sie ziehen auf magnetische Art und Weise an. Personen, Systeme und Sachen sind Teil eines starken Ziel- und Wegbildes.

- Dadurch werden Gedankenmuskeln aufgebaut und wichtige Umsetzungsorgane auf gesunde Art und Weise versorgt.

Stell dir ein Bild vor, das mit einem persönlichen Chip programmierbar ist. Wenn du dein Zielbild aufladen willst, dann speichere möglichst viele emotionale Informationen zu dem Bild dazu. Erst durch Gefühle gewinnt es richtig an Kraft. Sieh dir das folgende Beispiel an und erkenne den Unterschied: Du sitzt am Meer und isst ein Eis. Punkt. Auf einer Skala von 1 bis 10, wie stark anziehend ist dieses Bild? Etwas schon, oder - aber vergleiche nun damit: Stell dir vor, du sitzt an einem warmen Sommertag am Strand, mit freiem Blick aufs Meer, total entspannt, und eine liebe Person bringt dir ein Eis und lächelt dich an, du spürst die warmen, angenehmen Sonnenstrahlen, ahhh, ... - dieses Bildes ist anziehender, oder?

In Abbildung A siehst du Bild 1, das für ein neutrales Ziel (Idee, Lösung) steht. Erst indem du daraus Bild 2 machst, wirkt es anziehend, attraktiv und strahlt etwas aus. Und immer wenn du an dieses Bild denkst, dann löst es ein angenehmes Gefühl in dir aus. Je stärker dieses Gefühl, umso mehr willst du es erreichen.

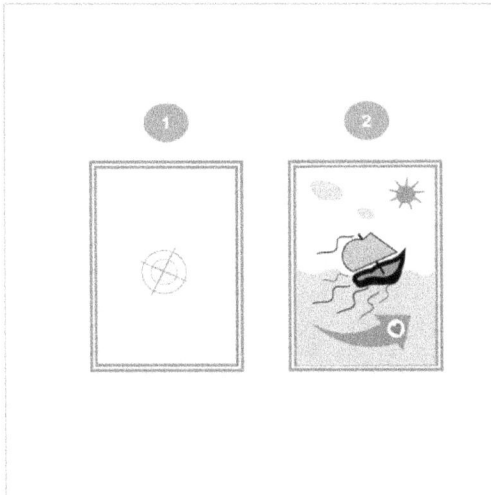

Abbildung 14: Bilder emotionalisieren (A)

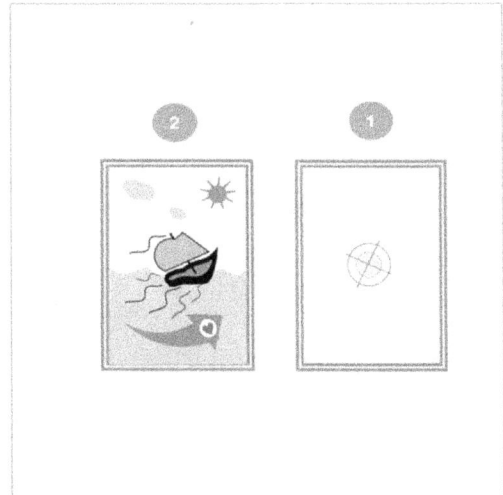

Abbildung 15: Bilder entemotionalisieren (B)

Genauso wie du Bilder aufladen kannst, kannst du diese auch wieder entladen. Und, das ist in gewissen Situationen auch sehr wichtig. Abbildung B stellt den Prozess dar, wie du ein Zielbild abbauen kannst (aus Bild 2 machst du Bild 1). Das kann dann gut sein, wenn das Ziel sich verändert hat, das alte Zielbild aber noch immer eine starke Anziehung ausübt. Das lenkt dann vom neuen Zielbild weg. Wenn es nicht mehr dein Zielbild ist, dann bau es ab, damit es nicht zu einem Problembild wird. Nicht verwirklichte Ziele können negative Gefühle erzeugen. Du kannst die Glaubenssätze und Werte dazu verändern. Du kannst die Gefühle für diese Bilder neutralisieren und reduzieren. Mach aus einem Farbbild ein Schwarzweißbild. Verzerre Personen und Handlungen, mach sie zum Beispiel kleiner. Stelle dir vor, du siehst das Bild im Kino: du beobachtest dich selbst, wie du im Zuschauerraum sitzt und auf einen Schwarzweißfilm schaust. Dreh den Ton ab, nimm dem Bild den Schrecken, gib ihm einen anderen Rahmen oder verändere das Bild.

Tausche die Bilder aus!

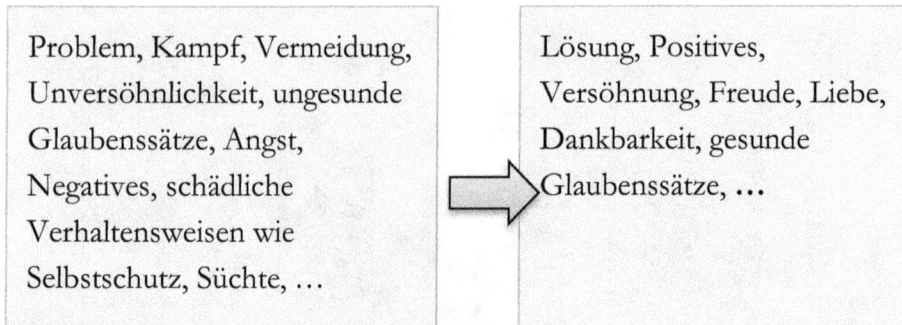

Problem, Kampf, Vermeidung, Unversöhnlichkeit, ungesunde Glaubenssätze, Angst, Negatives, schädliche Verhaltensweisen wie Selbstschutz, Süchte, …	Lösung, Positives, Versöhnung, Freude, Liebe, Dankbarkeit, gesunde Glaubenssätze, …

Angenommen, du hast ein starkes Problembild (z.B. Konkurs, Scheidung, Tod, …). In solchen Bildern sind sehr starke Emotionen und Gefühle enthalten. Damit du besser damit umgehen kannst, ist es wichtig, dass du diese Bilder entemotionalisierst! Problembilder sind Kraft-, Zeit-, Energieräuber. Abbildung C stellt den Prozess dar, wie du ein Problembild abbauen kannst (aus Bild 3 mache Bild 1). Wenn du ein Problembild in ein Zielbild verändern willst, dann geh vor wie Abbild C zeigt und neutralisiere das Bild. Zu Problembildern gib Gefühle von Liebe, Dankbarkeit, Verständnis, Verzeihung und Versöhnung. Gehe dann weiter wie bei Abbildung A erklärt, mache aus dem neutralen Bild ein emotionalisiertes Zielbild. Achtung! Das ist sehr, sehr wichtig. Wer das nicht macht, der verharrt im Zustand der Probleme und Ängste. Konsequenz daraus: man befindet sich im negativen Modus. Frage dich dann: Was hast du davon? Überlege dir einmal: Was kannst du in diesen Zuständen nicht machen? Sicherlich kennst du die Antwort schon: der Fokus ist auf Probleme, Negatives und Angst ausgerichtet. Nicht im Blickfeld: Lösungen, Freude, Positives, Liebe. Ist der Fokus falsch ausgerichtet befindet man sich Kampf-, Vermeidungs-, Todstellungs- oder Angstmodus und nicht im Freude-, Glücks-, Selbstheilungs- und Wachstumsmodus!

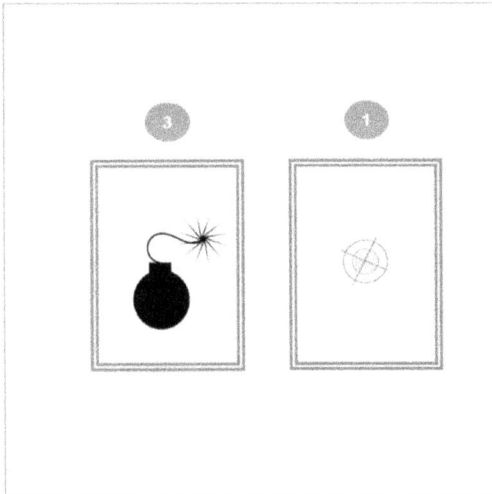

Abbildung 16: Wirkkraft Bild stoppen (C)

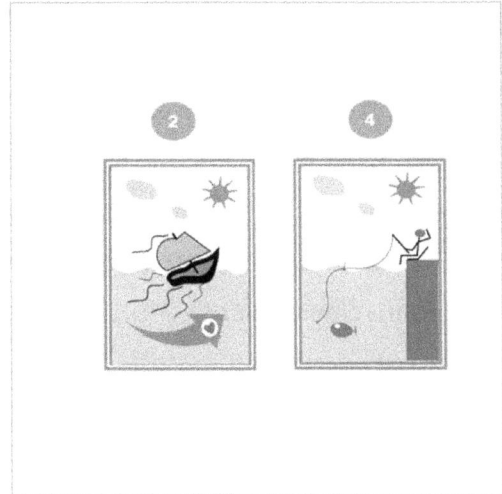

Abbildung 17: Wirkkraft Bild verändern (D)

Genauso ist es wichtig, dass du auch für die 3WegStrategie unterschiedliche Bilder verwendest. Es kann der Punkt kommen, an dem das Visionsbild seine Wirkung verliert. Lass dann von dieser Bildprogrammierung los. Wenn du an das Zielbild denkst und es nicht wirkt, ist es vielleicht overloaded. Du kannst dann zwischen Leistungsbildern oder Erholungsbildern wählen. Gehe dann in den Zustand, der dir im Augenblick am meisten bringt. So kannst du dann wie in Abbildung D dargestellt, von Bild 2 auf Bild 4 wechseln (Leistung oder Entspannung). Wenn du wieder an deine Ziele denkst und diese Gedanken wieder anziehend wirken, dann hast du deinem Unbewussten ausreichend genug Zeit gegeben, das Ganze zu verarbeiten. Du wirst augenblicklich merken, wann es wieder nützlich ist, an das Ziel zu denken.

Tun oder nicht Tun, das ist nicht die Frage

Es gibt Menschen, die lassen sich verstärkt von außen motivieren. Andere wiederum brauchen keinen externen Anstoß. Sie wissen alles selbst, wie es geht. Oder gehen würde. Wie motivierst du dich? Sicherlich gibt es auch in deinem Leben bestimmte Momente, wo du gewisse Sachen einfach gemacht hast, oder? Wo es keiner besonderen Motivationsstrategie bedurfte. Wo du gar nicht lange darüber nachdenken musstest, ob du dich dazu erst motivieren musst. Aber es ist nicht immer ganz so einfach. Hin und wieder kann man sich für bestimmte Sachen einfach nicht motivieren.

📖 **Gründe warum Ideen nicht umgesetzt werden.**

Aufgabe: In der folgenden Tabelle sind einige Ursachen aufgelistet, die einen daran hindern, seine Ideen nicht umzusetzen. Diese habe ich aus Gesprächen mit ExpertInnen und Beobachtungen bei Kunden zusammen getragen.
Ergänze eventuell eigene Ursachen.
Bewerte entsprechend: 0 … nein,   1 … ja,   2 … stark,   3 … extrem.

❶   es wird angedacht, aber nicht umgesetzt, nicht konsequent und diszipliniert genug, es wird nicht zu Ende gedacht

❷   zu schwacher Wille, zu schwacher Glaube

❸   das Umfeld hindert, der Druck des alltäglichen Lebens

❹   eigene Persönlichkeit, Ängste und Zweifel

❺   To do:

Wenn du deine Grenzen überschreiten oder aus deiner Bequemlichkeitszone und deinen Sicherheitszonen raus willst, dann sind individuell angepasste Motivationstechniken sehr nützlich. Bau dir dein eigenes Motivationssystem auf. Setze das um, was du umsetzen willst. Motivation ist der Antrieb eines jeden Lebewesens. So unterschiedlich die Motivationsquellen und Auslöser sein mögen, gemeinsam ist Ihnen, dass einer Motivation ein Energieausstoß erfolgt, der eine Aktivität als Konsequenz hat.

Betrachte große Augenblicke deines Lebens. Wo du etwas ganz Tolles erlebt hast. Wo du auf der Siegertreppe ganz oben gestanden bist. Wo du eine Auszeichnung bekommen hast oder geehrt wurdest. Was waren die Ursachen dieser Augenblicke, wie ist es dazu gekommen? Warum hast du gewisse Schritte und Bemühungen auf dich genommen um bis zum Schluss durchzuhalten? Was war die Antriebskraft, die fortwährende Motivation, damit es soweit kommen konnte? Mit dieser Übung sollst du sensibilisiert werden, dass gewisse Techniken die Umsetzung optimieren können. Gerade in Situationen, wo du einmal nicht so motiviert und antriebslos bist, wenn scheinbar gar Nichts weiter geht. Schreibe auf, was dir dazu einfällt, auch scheinbar „Unscheinbares" kann sehr wichtig sein. Welche speziellen Motivationstechniken hast du genutzt um einen größeren Antrieb zu erzeugen?

Aufgabe: Suche ausgesprochen starke Motivations-Highlights. Erinnere dich an Ziele, die du umgesetzt und erreicht hast. Was hat dich dazu motiviert?

❶ 3 große Ziele in der Vergangenheit, die du schon erreicht hast?

❷ Warum hast du dich dafür entschieden, diese Ziele erreichen zu wollen?

❸ Was waren auslösende Momente für den Startschuss, dass du ins Handeln gekommen bist? Was waren die Gründe, warum du bis zum Schluss motiviert warst? Was hast du in schlechten Zeiten gemacht, um durchzuhalten?

❹ Wenn starker Druck auf dir gelastet hat, was hast du dann gemacht, um zum Ziel zu kommen?

❺ To do:

Wenn ein Ziel anziehend ist, dann motiviert es, ist erstrebenswert und aufregend. Dann fällt es einem leicht, bei der Zielverfolgung zu bleiben. Was ist aber, wenn das Ziel sehr wichtig für dich ist, die Anziehungskraft aber nicht ausreicht in die Umsetzungsphase zu gelangen? Wenn Ziele anziehender formuliert werden, dann emotionalisieren diese noch mehr. Emotionalisierte Bilder ziehen kräftiger an. Du wirst später erfahren, wie du generell Ziele positiver und anziehender formulieren kannst.

Es kann sein, dass ein Ziel die Funktion eines Meilensteines übernimmt. Das ist ein Zwischenziel auf dem Weg zu einem großen Ziel. Dieser Meilenstein an sich ist vielleicht unattraktiv. Gewisse Glaubenssätze oder Werte stehen ihm gegenüber. Du tust nichts um den Meilenstein zu erreichen, obwohl du weißt, dass er für die Zielerreichung wichtig ist. In so einem Fall kannst du den

Meilenstein emotionalisieren. Dann werden die gewissen Blockaden überbrückt und der Meilenstein erhält die nötige Anziehungskraft. Du hast es erkannt, du veränderst ein wenig den Blickwinkel. Das ist erforderlich und reicht oft aus, um das große Ziel zu erreichen.

Es kann auch sein, dass Bilder negativ emotionalisiert sind. Mit einem zum Beispiel. Das Zielbild kann auch einem anderen negativen Bild zu nahe stehen. Dieser Wirkkreis überstrahlt das Zielbild. Du denkst bewusst an das Zielbild, im Unbewussten wirkt das negative Bild. Was natürlich nicht gut ist, denn das Unbewusste steuert den Prozess. Durch die Überlagerung zieht da Zielbild nicht an, sondern stößt ab. Blockiert von einem Wächter, der darauf aufpasst, dass das Problembild erhalten bleibt. Somit kann dieser Meilenstein nicht erreicht werden.

Es könnte auch sein, dass ein ZZE-Dieb in Form eines Virus das Zielbild infiziert. Hier kannst du Abhilfe schaffen, indem du das Zielbild mit Motivation auflädst.

Wenn das Zielbild noch nicht eindeutig genug spezifiziert ist, frage nach dem Ziel hinter dem Ziel. Wir sprechen hier von einem Metaziel. Das Metaziel ist ein übergeordnetes Ziel. Dieses ist auf einer höheren Ebene angesiedelt. Es erhöht die Anziehungskraft des Zielbildes. Dieses Metaziel muss aber ersichtlich sein. Wenn es in einer Schublade versteckt ist, dann sieht es keiner. Öfters als man glaubt, ist das Metaziel nicht bekannt, nicht zugeordnet. Ordne dem Zielbild ein Metaziel zu, baue eine Brücke für dein Unbewusstes. Diese Information bringt einen ordentlichen Motivationsschub für das Zielbild. Es erhöht die magnetische Wirkung des Zieles. Du bereicherst damit das Zielbild mit guten Informationen, das ist der Grund warum es emotionaler wird. Zu den Antworten füge Gefühle und Vorstellungskräfte hinzu: Stell dir das Ziel und die Frage samt Antwort mit allen Sinnen und Gefühlen vor. Denk an die Konsequenzen für dich und deine Liebsten. Für deine Fima und dein Umfeld.

📖 Ein Ziel emotionalisieren.

Aufgabe: Greife ein Ziel aus den Bereichen Beruf, Privat, Gesundheit und Finanzen heraus. Erhöhe die Anziehungskraft dieses Zieles, indem du die einzelnen Fragen beantwortest. Bewerte das Ziel vor und nach den Fragen. Wenn sich Nichts verändert hat, dann war es entweder schon stark genug, oder du musst den Grad der Gefühle und Vorstellung noch erhöhen. Mach gegebenenfalls diese Übung noch einmal.

❶ Wähle ein Ziel, das du bearbeiten möchtest. Auf einer Skala von 1 (gar nicht) bis 10 (sehr anziehend), wie bewertest du das Ziels?

❷ Was hat sich mit der Zielerreichung für dich erfüllt? Wenn du diese Zielerreichung schon längere Zeit gehabt hättest, was wäre dann? Was wäre das Beste, das Schönste, das Allerwichtigste daran?

❸ Was ist sichergestellt, nachdem du dieses Ziel erreicht hast? In welcher Hinsicht bringt dich die Erreichung des Ziels weiter?

❹ Auf einer Skala von 1 (gar nicht) bis 10 (sehr anziehend), wie bewertest du die Anziehung deines Zieles jetzt?

❺ To do:

Normaler Weise sollte das Zielbild jetzt so brennen, dass du sofort startest! Willst du jetzt starten? Wenn ja, dann los. Wenn nicht, hat das Ziel vielleicht keine ausreichend große Bedeutung für dich. Dann ist vielleicht auf einer Ebene des Ziels eine Blockade versteckt. Vielleicht denkst du: „Das schaffe ich ja doch nicht!" Ein falscher Glaubenssatz also. „Das darf ich nicht!" „Das wird mir nicht erlaubt!" „Das kann ich nicht!" „Das ist nicht so wichtig!" „…!" - Mangelnde Fähigkeiten, Selbstbewusstsein, Selbstwert, Werte, Identität, das Umfeld, der falsche Glaube, es gibt verschiedene Ebenen, wo die Ursachen verborgen liegen.

13 Motivationsmethoden, einfach zum Auswählen

Motivation hängt zusammen mit Begeisterungsfähigkeit, mit Sinngebung, mit Visionen, und zwar aus mir selbst raus!"
Reinhold Messner

Durch die Konzentration auf etwas Bestimmtes bündelst du deine Energie und schärfst den Fokus für das Wesentliche. Akzeptiere dich so, wie du bist. Der Mensch ist zu vielem fähig, wenn er sich Etwas zutraut. Wertschätzung, Liebe, Freundschaft und Verständnis, das Alles kannst du Anderen geben. Damit machst du Andere glücklich. Damit motivierst du Andere und dich selbst. Gute Gedanken erzeugen Glücksmomente. Das Gesetz der Anziehung zieht Weiteres an. Genieße den Moment auch einmal mehr als bisher. Jede Aktion von dir löst eine kleine Welle aus. Das Lebensrad dreht sich stets weiter, gehe mit dem Leben und lebe es. Unser Nervensystem hat zwei Kräfte die entgegengesetzt wirken: der Sympathikus gibt immer Vollgas, der Parasympathikus bremst. Sie werden immer gleichzeitig aktiv und sorgen für Gleichgewicht. Der Eine aktiviert und benötigt Energie, um zum Beispiel Gefahren abzuwenden, der Andere will Energiesparen. Aber nicht nur für Gefahren wird Energie benötigt, auch für die Motivation. Und während wir uns mithilfe des Sympathikus motivieren wollen, arbeitet der Parasympathikus unaufhörlich daran, zu bremsen. Unser innerer Schweinehund hat somit ein körperliches System zur Seite, das ihn bestimmt.

Genau deswegen bedarf es ständiger Motivation (ein tolles Ziel), weil unser Energiesparsystem (Paras.) sich nicht ausschalten lässt. Wörter wie Ausdauer, Konsequenz, Disziplin oder täglich, sind Alarmsignale für unser

Energiesparsystem. Und das ist auch der Grund, warum wir uns für unsere Ziele täglich (schon wieder ☺) motivieren und daran festhalten müssen.

Diese beiden Kräfte wirken im Unbewussten. Ein Vorsatz, der bewusst gemacht wird, „ich werde, …“, „Sie brauchen nur, …“ kommuniziert auf der falschen Ebene. Dafür musst du tiefer tauchen. Du musst in der Sprache sprechen, die das Unbewusste versteht, sonst wird nichts passieren. Positives Fühlen spricht die Emotionen an. Emotionales Denken berührt das Unbewusste, hier sprichst du die richtige Sprache. Und natürlich, täglich gezielt für das Ziel Etwas tun konditioniert und festigt die Nervenbahnen in der spezifischen Region. Je öfters man Etwas gleich tut, desto größer der Gewöhnungseffekt. Mit der Zeit „stresst“ das den Parasympathikus immer weniger.

Ich habe einige Motivationstechniken gesammelt, und möchte dir diese nun zur Verfügung stellen. Diese oder jene motiviert mich persönlich und ich nutze sie regelmäßig. Es gibt einige, die verwende ich nur bei Bedarf, in Ausnahmesituationen oder wenn plötzlich Motivationslöcher aufgetaucht sind.

☒**Freude:** Stell dir vor, dass du entsprechende Schritte machst und das Ziel erreichst. Wie wirst du dich darüber freuen? Was fühlst du? Was siehst du? Was hörst du? Wie wird es sein? Eine alternative Strategie die dir weiterhilft, wenn du dir die Zielerreichung (noch) nicht gefühlsbetont vorstellen kannst: Erinnere dich an ein erlebtes und sehr freudiges Ereignis. Wie war es, als du es erreicht hast. Wie hast du dich gefühlt? Was hast du gesehen? Gehört? Wo hast du etwas gespürt? Welches Gefühl hat sich wo breit gemacht? Wer war dabei? Wem hast du es mitgeteilt? Wer hat sich mit dir gefreut? Stell dir nun vor, du hast das Projekt umgesetzt und spürst genau diese Freude, wie wird es sein? Hier geht es darum, genauso eine Freude zu empfinden. Ein Gefühl zu erleben, das dich voll Freude ausfüllt und erwärmt. Immer dann, wenn du nicht am Projekt arbeiten willst, dann stell dir vor, wie es sein wird, wenn du diese Freude erleben wirst. Wenn du dich damit motivieren kannst, ist dein

Motivationsknopf die Freude. Alleine die Vorstellung soll dich dazu verleiten, aktiv zu werden, das Ziel umzusetzen.

☒**Schmerz:** Bei sehr vielen Menschen ist der Schmerzknopf motivierender als die Freude. Stell dir vor, du wirst das Ziel nicht erreichen. Was wird sein? Wie wirst du dich fühlen? Was bedeutet es für dich, wenn es nicht eintrifft? Auch hier, mach die Übung eventuell mit eine Hilfsstrategie: denk an ein Ziel, dass sehr wichtig war, du aber nicht erreicht hast. Ein Ziel das dich emotional sehr beschäftigt hat. Sorge aber bitte dafür, dass du wieder aus dieser Emotion heraus kommen kannst: du kannst die Empfindungen in diese Richtung hin auflodern lassen, aber nur für den Motivationszweck, nämlich Etwas zu tun. Um das Nichttun zukünftig zu vermeiden, um ins Handeln zu kommen und aktiv zu sein. Weg von der Situation in der du so etwas Ähnliches nicht mehr erleben musst. Es geht darum, dass du das Ziel umsetzen wirst.

☒**Belohnen:** Viele Menschen sind getrieben vom täglichen Geschäft und vergessen, wofür sie eigentlich leben. Sie können nicht mehr abschalten, sich nicht mehr freuen. Sie ärgern sich über jede Kleinigkeit. Lebe bewusst anders. Genieße die Augenblicke. Sei es dir wert, dass du dich auch belohnst. Egal, ob es ein kleiner oder großer Erfolg war, verstärke die Zielerreichung, indem du dir kleine oder große Anreize setzt. Freue dich, indem du Haken in der Aufgabenliste zu den erledigten Aufgaben machst (bewusst machst!). Oder mit einem guten Essen, lade deine Frau oder deinen Mann ein, überrasche diese/n. Kauf dir einen Kuchen oder ein Eis. Mache eine Reise. Belohne dich. Eine Kleinigkeit als Anreiz, damit du motiviert bist und ins Handeln kommst. Für das Erreichen deiner Jahresziele kannst du auch ein Incentive für dich selbst ausschreiben. Setz dir einen höheren Anreiz für die Zielerreichung. Dieser muss nicht nur in materialistischer Form sein. Eine Urlaubsreise, eine Wanderung, eine Auszeit. Suche dir etwas aus, das dich reizt. Belohne dich für das Tun, aber auch dafür, wenn du deine Ziele erreicht hast.

☒**Bestrafen:** Das ist ein Verstärker für den Schmerz. Es kann zweckdienlich sein, sich eine kleine Strafe aufzuerlegen. zB € 5 in eine Sparbüchse zu geben, wenn du nicht das tust, was du dir vorgenommen hast. Durch das laufend Strafe zahlen bist du eines

Tages der Zahlung müde und kannst diese nicht mehr sehen! Es ärgert dich vielleicht, du packst dich bei deiner Ehre und fängst an, die Schritte zu setzen. Natürlich kannst du dich auch anders bestrafen: Überlege dir, wie du dich bestrafen kannst, wenn du deine Strategie nicht umsetzt? Stell dir vor, dass du dich bestrafen musst, weil du Nichts gemacht hast. Es geht darum, dass es dich nervt, weil du die Strafe einlösen musst. Wenn die gewählte Taktik (Bestrafungshöhe, -form, ...) nicht hilft, erhöhe die Strafe ruhig etwas, bis es ordentlich schmerzt. Aber Achtung: hier geht es darum, dich selbst zu bestrafen, und nicht andere!

☒ **kleine Schritte:** Eine Frau geht zum Arzt, und sagt: ich möchte abnehmen, aber bloß keine Diät und kein Sport. Der Arzt sagt, mach jeden Tag 1 Minute Sport vor dem Fernseher. Die Frau überlegt und denkt sich, ok, eine Minute, das ist ok. Was passiert hier? Der Schritt ist so klein, dass sich die Frau diesen Schritt vorstellen kann. Obwohl Sport für sie ein "no go" ist, das macht sie trotzdem. Ohne lange nachzudenken, ob es überhaupt für Etwas gut sei. Obwohl sie vielleicht nicht davon überzeugt ist, dass es helfen wird. Aber sie fängt an, Sport zu machen. Und das macht auch Spaß. Es ist einfach. Das kann sie leicht erreichen. Es ist gar nicht so schrecklich, wie gedacht. Und 1 Minute Zeit hat sie auch. In der nächsten Woche sind 2 Minuten möglich, dann 5, dann 15 Minuten und schließlich auch 30 und 60 Minuten. Starte mit kleinen Schritten, ohne „Wenn" und „Aber". Viele kleine Schritte führen zum Ziel. Primär geht es einfach darum, dass du startest.

☒**Beweisen vor 3en:** Gehe zu 3 Personen und erzähle ihnen von deinem Vorhaben. Sag ihnen, sie sollen dich am Ende der Zeit fragen, ob du es abgeschlossen hast. Vielleicht kombinierst du es mit Bestrafen: wenn nicht, bekommt jeder von ihnen (eine Belohnung). Die Bestrafung für dich ist zugleich der Anreiz für die 3 Personen, gut darauf zu achten, dass du deine Ziele erreichst. So kannst du den Plan nicht so einfach verschwinden lassen, wenn du dein Ziel nicht erreicht hast. Die 3 Personen fungieren nun auch als externe Motivationsquelle.

☒**Zustandsmanagement:** Bringe dich in einen ausgezeichneten Zustand. Denk gewaltig positiv. Sag laut, dass du es schaffen wirst. Nimm dir einen besonderen Duft, der dich anregt, und immer wenn du diesen Duft sprühst, musst du einfach erfolgreich umsetzen. Ziehe eine andere Kleidung an, mit der du einen erfolgreichen Menschen verbindest. Hänge motivierende Bilder auf. Nimm das Mindboard und lach begeistert in den Spiegel. Pusche dich für Erfolg. Kreiere deinen Erfolgsspruch, Erfolgssong, …

☒**Motivationskiller:** Es gibt mehr Motivationskiller als man glaubt. Vielleicht ergeht es dir auch manchmal so – bei bestimmten Personen ist die Motivation schon weg, alleine wenn man sie sieht. Bestimmte Plätze, Räume oder Häuser, man fühlt sich einfach nicht gut, wenn man sie betritt. Bei gewissen Tätigkeiten ist es genauso. Es gibt viele Beispiele für Motivationskiller, diese können Personen, Örtlichkeiten, Tätigkeiten, Gedanken sein. Hier kannst du etwas verändern. Sprich diese Personen darauf an, was nicht passt. Triff dich nicht mehr so oft oder gar nicht mehr mit diesen Personen. Vermeiden ist ein Weg, Entemotionalisieren ein anderer. Gewisse Verhaltensweisen dieser Personen passen vielleicht nicht, kläre das für dich ab. Räume kannst du umgestalten, du kannst es vermeiden dorthin zu gehen. Du kannst die Gedanken, die du mit gewissen Räumen in Verbindung bringst, verändern. Wenn dich gewisse Tätigkeiten demotivieren, dann gib diese ab. Verändere deine Einstellung dazu. Hinterfrage die höhere Metazielebene der Tätigkeit und motiviere dich damit (z.B. wenn du die Buchhaltung gleich machst, dann hast du es hinter dir, du musst nicht mehr daran denken und hast deine Ruhe!).

☒**Sport:** Wenn du täglich Sport machst, z.B. mindestens 30 Minuten lang Laufen gehst, werden unglaublich viele Glückshormone in deinem Körper für einen guten Zustand sorgen und eine Menge Energie frei machen. Adrenalin wird abgebaut. Viele „Krankheiten" können damit „gesundet" werden. Die „kleine Schritte" Strategie kann hierbei zum Start behilflich sein. Starte den Tag mit Sport. Starte die Woche mit Sport und baue Energie für die ganze Woche auf.

☒**Lachen:** Lache täglich einmal mehr. Lache über eine bestimmte Tätigkeit, eine Sache, über dich selbst, über Alles was es zum Lachen gibt. Wenn etwas einmal nicht so läuft wie geplant, fang an zu lachen und zwar so lange, bis du wieder in einem guten Zustand bist und du dich wieder deinen Zielen widmen kannst. Glaube mir eines, du kannst einfach lachen. Lache solange, bis es dir ausgezeichnet gut geht. Keine Frage, damit sind die Probleme nicht weg, aber du bist von einer Sekunde zur anderen in einem besseren Zustand. Und in einem besseren Zustand kannst du besser und klarer denken. Dann fallen dir neue Möglichkeiten ein, die auch bedrohliche Sachen freudig verändern können.

☒ **Große Ziele:** Große Ziele können eine Anziehungskraft ausüben. In Zeiten in denen es nicht so gut läuft, motivieren große Ziele einen weiter zu machen. Die Anziehungskraft wirkt aber nicht immer. In gewissen Zeiten braucht man auch Entspannung. Dann lebe höchst aufmerksam und achtsam. Lebe dann im Jetzt und staune über alles, was über deine Sinne herein kommt. Wenn das in manchen Momenten auch nicht so motiviert, dann setzte dir ganz kleine Ziele, kleine Schritte und feuere dich an, diese zu erreichen. Wenn du diese erreicht hast, sage mit einem kräftigen „Ja" deinem Unbewussten, dass du dieses Ziel erreicht hast. So wird über kurz oder lang auch wieder die Motivation für große Ziele kommen, und du wirst wieder einen bedeutenden Schritt machen. Große Ziele sind wichtig und gut formuliert auch sehr wirkungsvoll. Verändere die Größe der Ziele, um deine Motivationssensibilität besser kennen zu lernen. Drehe am richtigen Rad. Vor einigen Jahren setzte ich mir regelmäßig das Ziel, 3 Mal die Woche Sport zu machen. Es klappte irgendwie nicht. Dann sagte ich mir, gut, ich will 5 Mal Sport machen. Und weißt du was, das klappte plötzlich! Es war erstaunlich, 5 Mal gingen, 3 Mal nicht. Ich machte das einige Zeit und war fit wie ein Turnschuh. Dann reduzierte ich es wieder, und siehe da, auch die 3 Mal klappten plötzlich.

☒ **Der 88 Geburtstag:** Stell dir vor, du hast heute den 88 Geburtstag und alle wichtigen Personen sind da. Jeder hält eine Rede. Was sollen sie über dich sagen? Was sollen sie nicht über dich sagen? Nimm diese beiden Inputs als positive und negative Konsequenz für das Laden deiner Motivationsbuttons und drücke je nach Bedarf entweder diesen oder jenen. So wirst du stets motiviert sein, weiter zu machen.

☒**Zeitungsbericht über dich:** Bastle deine Lieblingszeitung mit einem Bericht von dir zusammen. In diesem Bericht wird über deine Zielerreichung berichtet. Wie du es erreicht hast. Was für ein toller Mensch du bist, …. Es ist egal, ob du diese Zeitung am Computer machst, diese ausschneidest oder zusammenklebst. Wichtig ist, dass du diese Zeitung so real wie nur möglich machst, damit auch deine Wünsche Realität werden.

📖 Motivationsmethoden bewusst anwenden.

Aufgabe: Überlege dir, wie, wo und wann du die einzelnen Strategien anwenden wirst. Wähle 3 Motivationsmethoden aus, die du praktisch fast immer anwenden kannst. Begründe deine Entscheidung und überlege dir, wo du die Motivationsmethoden einsetzen wirst. Finde die Methoden, die Universalschlüssel sind.

❶ Finde für die Motivationsmethoden Referenzerlebnisse und Beispiele.

❷ Überlege dir zu jeder Strategie, wann dir diese helfen könnte. Finde die Methoden, die ein Universalschlüssel sein könnten.

❸ Die 3 besten Motivationsmethoden sind? Warum?

❹ Was passiert, wenn du diese einsetzt? Was passiert, wenn du es nicht machst? Deine Reservemotivatoren für Ausnahmefälle, besondere Situationen, Notfälle.

❺ To do:

Umsetzungskompetenz als Verstärker

Bei einer Stereoanlage hast du einen Lautstärkenregler, und damit kannst du lauter oder leiser stellen. Je nach Situation, kann die gleiche Lautstärke aber auch einmal zu laut oder zu leise sein. Stelle dir einen Regler vor, den du von 1 (leise) bis 10 (laut) rauf und runter schalten kannst. Der Regler ist momentan auf 5 eingestellt. Wenn ganz viele Menschen im Raum sind, dann ist 5 zu wenig, um etwas zu hören. Wenn du schlafen willst, dann ist 5 aber viel zu laut. Je nach Stimmungslage ist dieselbe Einstellung entweder zu laut oder zu leise. Unterschiedliche Situationen, unterschiedliche Stimmungen verlangen unterschiedliche Einstellungen. So ist es auch beim Umsetzen. Hin und wieder ist 5 das richtige Tempo. Manchmal muss man sich mit Geschwindigkeit 10 bewegen um zum Ziel zu gelangen. Manchmal genügt 1. Manchmal ist es sogar ausdrücklich sinnvoll 0 einzustellen. Auch beim Umsetzen kann man die Geschwindigkeit regulieren. Nutze dieses Wissen uns steuere damit deine Umsetzungskompetenz.

Bei einer Stereoanlage gibt es meist noch einen Regler für Bass, Höhen, Balance. So ist es auch beim Umsetzen, auch hier gibt es unterschiedliche Regelsysteme. Folgende Themen regeln das Umsetzen. Überlege dir in jedem Bereich was für das Umsetzen sinnvoll ist: aufdrehen oder zurück drehen.

- Einstellung zu der Sache
- Visualisieren und Vorstellen
- eigene Grenzen und Horizonte, Veränderungen zulassen
- eigene Persönlichkeit (Identität, Glaubenssätze, Überzeugungen, Fähigkeiten, Umfeld, Verhalten, Werte, Zugehörigkeit, Glaube)
- Konsequenz und Ausdauer
- Ursachen erforschen und Engpässe lösen
- Feedback als Schlüssel für Verbesserung und Entwicklung
- Nachdenken und Handeln
- Balance Betriebsmodus einstellen und wählen: Leistung, Vision und Entspannung
- Positive und bejahende Lebenseinstellung

Wenn du immer das Gleiche machst, dann wird auch sehr wahrscheinlich immer wieder das gleiche herauskommen. Das zahlreiche Menschen immer wieder das Gleiche machen, liegt in ihren Persönlichkeitsstrukturen. Das „Gleiche machen mit Ausnahmen" ist eine gängige Persönlichkeitsstruktur. Hier kommt das „Gleiche" lange vor „der Ausnahme", und so tun diese Menschen automatisch lieber das Gleiche, als etwas Neues zu probieren. Dieser

Kreislauf muss bewusst überwacht werden, damit nicht eine bestimmte Gewohnheit den Weg bestimmt. Die Lifebalance-Waage muss nicht immer im Gleichgewicht sein. Wenn du zu sehr auf deinen Beruf fokussiert bist, bist du womöglich irgendwann sehr erfolgreich. Gleichzeitig aber hast du es verabsäumt, in anderen Bereichen Stärke aufzubauen, dein Immunsystem zu kräftigen. Muskeln, die nicht benutzt werden, verkümmern, ein schwaches Immunsystem ist gefährlich. Selbst bei kleinen Erkältungen. Menschen die eine lebensbejahende und positive Einstellung haben, haben mehr vom Leben. Sie ergreifen öfters als lebensverneinende Menschen ihre Chancen. Diese unterlassen entscheidende Schritte und sind somit auch in weniger positiven Erlebnissen und Erfolgen involviert. Beachte eines: Unser Hirn ist wie ein Massenspeicher, der unendlich Vieles abspeichert. Er speichert einfach, denn unser Speicherhirn kann eines nicht tun: Es kann nicht vorselektieren und verhindern, dass auch Negatives abgespeichert wird. Wenn nun mehr Negatives abgespeichert ist, führt das zu Antriebslosigkeit, Demotivation, Stress, Burnout, Chaos, Kraftlosigkeit, Krankheiten, Depressionen und kann sogar bis in den Tod führen.

Schluss damit, sammle Pluspunkte, jeden Tag. Diese Umsetzungsverstärker kannst du später in einer Absichtserklärung einbauen. Damit kannst du dir spielend einfach Erfolgskompetenz aufbauen.

Tag 3: magnetisiere!

Im dritten Kapitel lösen wir diese Frage auf: „Was ist das Geheimnis von Zielen?"

Seit Beginn der Menschheit sind Dinge die glitzern unglaublich faszinierend. Gold und Diamanten ziehen die Menschen unweigerlich in einen magischen Bann. Das hat eine unglaublich bestimmte und bestimmende Wirkung, der man sich nur sehr schwer entziehen kann. Diese Anziehungskraft kann so starke Ausmaße haben, dass wir im Banne dieser Magie sogar die besten Freunde verraten und Familienmitglieder töten.

Ein glitzerndes Ziel strahlt eine bestimmte Anziehungskraft aus. Diese wirkt wie ein Magnet. Im Wirkkreis des Magneten wird alles angezogen, was dafür bestimmt ist. Je stärker die Wirkung des Magneten, desto weiter entfernt kann sich das Ziel befinden um trotzdem noch angezogen zu werden. Diese Anziehungskraft wollen wir uns zu Nutzen machen. Wir statten Ziele mit einem starken Magneten aus, damit dieser in unserem Sinne wirken kann. Er soll für uns, aber auch für andere Menschen anziehend und attraktiv sein.

Tagesziel: **Ziele magnetisieren und zum Glitzern bringen.**

Matthias Garten

Ziele sind ein stark treibende Kraft. Sie treiben Menschen an. Je stärker der Wille zur Zielerreichung ausgeprägt ist, desto besser und leichter kommt man da an, wo man sein möchte. Eines meiner Ziele war es, ein stabiles und zu 95 % von mir unabhängiges Unternehmen aufzubauen. Dafür habe ich etwa 15 Jahre gebraucht. Heute existiert meine Präsentationsagentur smavicon Best Business Presentations bereits 20 Jahre. Wir unterstützen Unternehmen und Referenten dabei, sich wirkungsvoller bei Vorträgen, Messen und Veranstaltungen zu präsentieren. So kommen Geschäftsführer, Marketingverantwortliche, Vertriebsmitarbeiter, Schulungsleiter, Speaker u. a. zu uns und lassen sich beraten: angefangen vom Vortrags- oder Webinarkonzept über Dramaturgie, Veredelung von PowerPoint-Präsentationen, Einsatz von innovativen Präsentationstools bis hin zur persönlichen Performance.

Bei meinem Thema Präsentationen erzähle ich Menschen in meinen Büchern, Seminaren und Vorträgen Folgendes: Eine Präsentation braucht ein Ziel! Die Frage lautet: Was will ich erreichen? Erst wenn das klar ist, weiß ich, welche Wirkung ich bei den Zuschauern auslösen muss, und kann in die Kommunikation gehen, kann die Dramaturgie festlegen, kann Folien oder Medien gestalten.

Die wenigsten Menschen beschäftigen sich jedoch mit dem, was sie erreichen wollen. Wie in meinem Fall dauern manche Sachen auch länger. Bei mir gab es zahlreiche Herausforderungen und jede Menge Rückschläge, aber ich bin hartnäckig geblieben. „Dran bleiben" heißt es. Auch wenn Sie Steine in den Weg gelegt bekommen. Einmal geschafft, werden Sie auch zukünftige Ziele immer wieder erreichen können, weil Sie wissen, wie es geht. Freuen Sie sich auf das Buch: Sie werden wichtige Impulse erhalten und zu neuen Ideen angeregt. Lesen Sie das Buch quer und ziehen Sie für sich neue Anregungen heraus. In meiner Bibliothek finden sich über 100 Bücher zum Thema Präsentation und in vielen gibt es Wiederholungen, aber auch immer wieder etwas Neues.

Hätte ich das System von Markus Robinigg gekannt, wäre ich schneller dahin gekommen. weil er einen sehr praxisnahen und umfassenden Ansatz hat. In feinen Stufen erklärt er Schritt für Schritt, wie ich meinen Zielen näherkomme und das auf zuverlässige Weise, wenn ich mich daran halte. Ich wünsche Markus Robinigg viel Erfolg mit seinem Buch und seiner Zielsetzung, Ihnen eine wertvolle Grundlage für Ihre Ziele zu geben.

Ihr Matthias Garten

Ziele die glitzern und magnetisieren

„Wer den Hafen nicht kennt, in den er segeln will, für den ist kein Wind der richtige." Lucius A. Seneca

„Wenn du ein Schiff bauen willst, dann trommle nicht Männer zusammen, um Holz zu beschaffen, Aufgaben zu vergeben und die Arbeit einzuteilen, sondern lehre sie die Sehnsucht nach dem weiten, endlosen Meer." Antoine de Saint-Exupéry

Was ist der Zweck der Zielplanung? Ziele geben deinem Leben eine Richtung. Motivieren zu Leistung. Ein Ziel, das anziehend und attraktiv ist, erzeugt eine Sogwirkung für Motivation, Handeln und Denken. Mit der Formulierung eines Zieles bekommt dein Dasein einen Sinn. Dafür lohnt es sich, auch Mühen in Kauf zu nehmen. „Wenn keine Ziele da sind, regieren Probleme", sagt Jörg Knoblauch, einer der Top Experten zum Thema Ziele. Sie bringen Klarheit, man verzettelt sich weniger, wird aufmerksam Wichtiges sehen. Das Festlegen eines Zieles ist der erste Schritt auf dem Weg zum Erfolg.

Viele Menschen haben trotzdem keine Ziele. Oder ihre Ziele haben trotz einer Formulierung nicht genug Kraft, um in Bewegung zu kommen und Dinge zu verändern. Wenn du dir nicht ganz sicher bist, was du eigentlich willst, gibt es einen einfache Trick: mach eine Liste davon, was du nicht willst. Dann kannst du weiterdenken und dir überlegen, wie du das „Nicht" aus dieser Formulierung rausbringst. Und schon hast du Ziele formuliert. Wenn du bereits Ziele definiert hast, mach die nachfolgende Übung trotzdem. Du festigst damit deine Ziele, und darum geht es. Ziele so zu festigen, so zu magnetisieren, dass sie eine Sogwirkung erzeugen.

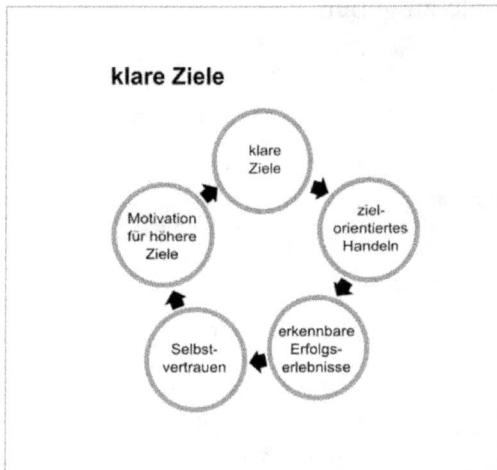

Abbildung 18: klare Ziele

Abbildung 19: keine Ziele

📖 Zielformulierung.

Aufgabe: Überlege dir in den einzelnen Bereichen, was du nicht willst. Dieses Nichtwollen werden wir dann in ein gut formuliertes Ziel umwandeln.

❶   Ich will nicht (Beruf, Privat, Finanzen, Gesundheit):

❷   Ich will (Beruf, Privat, Finanzen, Gesundheit):

❸   To do:

In den 50ern wurde eine Langzeitstudie an der Harvard Universität gestartet. 30 Jahre danach wurde sie mit folgendem Ergebnis veröffentlicht: von 100% der Studenten hatten 83% keine Ziele, 14% Ziele im Kopf und 3% schriftliche Ziele. Diejenigen die ihre Ziele im Kopf hatten, hatten 3 x mehr Erfolg, als die ohne Ziele. Diejenigen, die ihre Ziele schriftlich formulierten, hatten 3 x mehr Erfolg als die restlichen 97% zusammen. Interessant, nicht wahr?

Wenn du dein Leben reflektierst, wirst du feststellen, dass es oft die Richtung gewechselt hat. An sogenannten Wendepunkten verändert sich das Leben. Manchmal sogar ganz drastisch, in eine völlig neue Richtung. Diesen Wendepunkten unterliegen besonderen Ursachen zugrunde. Die Ursachen sind mal von außen beeinflusst, mal von einem selbst gestaltet. Ein Todesfall, ein Unfall, das Ende der Schule, eine Hochzeit, die Geburt eines Kindes, Konkurs, Pleite der Firma, ein gewisses Alter, …, es gibt zahlreiche solcher Ursachen.

Diese Ursachen wirken sich jedoch bei jedem anders aus. Bei dem Einen passiert dieses, der Andere macht dann jenes daraus. Aus der Vergangenheit können die Spuren der Ursachen und Auswirkungen herausfiltern. Finde die wichtigsten Wendepunkte in deinem Leben und betrachte sie im Detail. Hier ist sehr viel Information enthalten. Du kannst sie auch als Feedback betrachten und daraus wichtige Erkenntnisse ableiten. Diese können für deine Planung und Handlungen richtungsweisend sein. Lerne aus deinem Leben. Du wirst erstaunt sein, was du alles findest.

Warum ist das Alles sinnvoll? Du wirst bei der Ursachenforschung feststellen, dass es gewisse Motivationsauslöser für die Veränderung gibt. Egal ob die Veränderung von außen oder von Innen verursacht wurde. Dieser Motivationsknopf kann auch für zukünftige Veränderungen verwendet werden. So kannst du eine Wende schneller herbeiführen, in dem du den Knopf drückst und dir die Konsequenzen des Tuns und Nichttuns vorstellst. Du wirst merken, dass so manche Wende gut war. Das es gut war, dass etwas verändert wurde oder du verändert hast. Meist kommt es nicht so schlimm, wie befürchtet. Oft ist es schöner und besser als erwartet. Warte nicht, bis du vergeblich einen Weg entlang läufst, der keine Wende und kein Ziel hat. Kein Ziel, das sich lohnt, ihm hinterher zu laufen.

In so manchem Punkt steckt oft mehr, als zunächst geglaubt. Schreibe also alles auf. Auch noch so vermeintlich Unwesentliches. Schreibe schöne Sachen genauso auf wie schlechte. In diesem oder jenem Zeitfenster wirst du vielleicht Etwas geplant haben, dass erst in der nächsten Zeitphase gewirkt hat. Schreibe auch auf, wenn du etwas geplant hast, das nicht oder erst später eingetreten ist.

Betrachte diese Zeitfenster aus den 4 Perspektivenwinkeln heraus: Beruf, Privat, Finanzen, Gesundheit und betrachte auch die Wechselwirkungen. Schreibe deine Vergangenheit, Gegenwart und Zukunft nieder. Folgen von zukünftigen Wendepunkten können im beruflichen Kontext auch vorhanden sein: von erfolgreicher Firma zu sehr erfolgreicher, Gewinn von € 50.000 auf € 100.000 jährlich, der erste Mitarbeiter, neuer Firmenstandort, reibungslose Organisation; privat: Heirat, Kind kriegen, Partnerschaft wiederbeleben, …; Du merkst, hier sind auch ein paar Wendepunkte aufgelistet, die im ersten Augenblick nicht so dramatisch klingen, aber doch sehr entscheidend sein können. Sie könnten ein Wendepunkt werden, wenn du ihn als solchen betrachtest. Die Wendepunkte der Vergangenheit hast du schon erlebt. Die deiner Zukunft wirst du noch erleben. Gestalte deine Zukunft! Das ist der beste Weg diese vorauszusagen.

📖 Wendepunkte als Feedback nutzen.

Aufgabe: Finde und analysiere die Wendepunkte deines Lebens in der Vergangenheit und der Gegenwart. Gestalte und schaffe deine Wendepunkte für die Zukunft.

❶ Die großen Wendepunkte in meinem Leben sind … und was hat sich in Folge aus dem Fokus der jeweiligen Perspektiven (privat, beruflich, gesundheitlich, finanziell) ergeben?

❷ Was hast du gemacht, damit sie so eingetreten sind? Was hast du davor unterlassen, dass diese eingetreten sind?

❸ Welche wichtigen Wendepunkte sind nicht eingetreten? Warum sind diese nicht eingetreten? Was kannst du daraus lernen?

❹ Welche Wendepunkte willst du haben? Was wirst du dafür tun?

❺ To do:

Wofür arbeitest du? Wofür lebst du? Ich kenne Menschen die über 90 Jahre alt sind und „jünger" sind als so manche 70 jährigen. Jeden, den ich nach dem Hauptgrund dafür gefragt habe, hat auch das erwähnt: ich hatte immer Ziele. Ein Ziel zu haben, gibt ihren Leben Sinn. Und der Sinn hält sie jung. Sicherlich, sie hüpfen nicht mehr so herum, wie in jungen Jahren. Aber, im Vergleich zu vielen 70 jährigen sind sie noch springlebendig. Auch sie haben Beschwerden. Aber sie jammern weniger und sind mehr auf das Positive fokussiert. Jeder Mensch hat seine Zeit, wo er einmal mehr und einmal weniger über das Leben und seinem Sinn nachdenkt. Viele kommen dann zu dem Schluss, dass ihr eigenes Leben nicht dem entspricht, wie sie es gerne hätten. Obwohl es nicht dem entspricht, ziehen sie keine Konsequenz daraus: sie machen gleich weiter wie bisher. Sie reden es sich „schön": so schlecht ist es ja nicht. Viele Menschen geben sich mit dem zufrieden, wie ihr Leben ist. Das ist leichter, das sind sie gewohnt. Es vergehen oft zig Jahre, bis sie es verändern. Aber dann sind schon zu viele Jahre ohne nennenswerte Veränderung vergangen. Dabei fehlt es eigentlich nur an der Nutzung von Mentaltechniken, um den Sprung schon jetzt zu wagen. Wir kommen immer wieder zu diesem Entscheidungsmoment, in dem man es mit ein bisschen Mut in der Hand hätte, sein Leben besser zu gestalten. Jahre später machen es viele Menschen, ja, aber eben um diese Jahre zu spät. Auch der Sinneswandel kann über magnetisierende Ziele schneller erreicht werden.

📖 **Brainstorming 4 your Vision.**

Aufgabe: Schreibe alle Wünsche, Träume und Gedanken auf, die du erreichen willst. Die du haben willst. Die du sein willst. Motto: meine Visionen, Wünsche, Ideen, Träume …

❶ Privat, Beruf, Gesundheit, Finanzen:

❷ Welche Tätigkeit bzw. Rolle macht dich glücklich? Was begeistert dich jedes Mal aufs Neue (denk in die 4 Bereiche hinein)?

❸ Was würdest du tun, wenn du wüsstest, dass du nicht scheitern kannst (in den 4 Bereichen)?

❹ Wenn du genug Geld hättest, was würdest du dann tun?

❺ To do:

Weißt du, es ist nie zu spät anzufangen. Es ist aber immer zu spät, wenn man nicht angefangen hat. Wenn du erst einmal angefangen hast, deine Vision zu leben, dann wirst du merken, dass ein schöneres Leben von alleine kommen wird. Wenn du erst einmal angefangen hast.

Während eines Jahres verändert sich die Natur. 4 Jahreszeiten sagen wir dazu. Und so wie sich die Natur im Laufe eines Jahres verändert und in so mancher Jahreszeit das Wetter verrücktspielt, so ergeht es auch uns Menschen. Auch wir durchlaufen während eines Jahres unterschiedliche Phasen und hin und wieder spielen auch wir verrückt. Wir sind nicht immer gleich gut drauf. Das so anzunehmen, ist für die eigene Entwicklung sehr wichtig. So ist es für die Selbstmotivation sinnvoll, kurz und langfristig zu planen. Je nachdem, in welchem Zustand du dich augenblicklich befindest, kann es sinnvoll sein, zwischen den einzelnen Zielen „hin und her zu switchen". Wenn du dich mit den kurzfristigen Zielen nicht motivieren kannst, dann arbeite etwas mehr an der Realisierung der langfristigen Ziele. Wenn auch das nicht kickt, dann entspann dich und lebe am Besten im Augenblick. Im Augenblick leben heißt: nimm mit allen Sinnen die Umgebung war, die Geräusche, das Bild, das was du siehst, hörst, riechst, fühlst, schmeckst. Lebe im Augenblick, so als ob du in Zeitlupentempo leben würdest. Vergiss im Augenblick alles, was dich sonst so beschäftigen würde.

Wodurch unterscheiden sich langfristige Ziele von kurzfristigen? Hier ist es wichtig zu wissen, dass diese Ziele unterschiedlichen Kriterien entsprechen dürfen. Worauf muss man hier besonders achten? Langfristige Ziele, die riesig, unrealistisch und attraktiv sind, befähigen einen dadurch aus der Bequemlichkeitszone heraus zu steigen. Wenn sie nicht riesig sind, werden sie von mittelgroßen Problemen überdeckt. Du wirst auch neue Fähigkeiten erlernen müssen, neue Denkweisen, Dinge anders tun als bisher, damit du diese erreichen kannst. Auch werden sich dein Umfeld, deine Einstellung, deine Werte und Glaubenssätze verändern, sonst würde alles gleich bleiben. Wozu solltest du dir Mühe geben, wenn du es im realistischen Fall schon jetzt erreichen könntest?

langfristig	visionär, hochgesteckt, anziehend und attraktiv, unrealistisch und riesig, Horizont beträgt einige Jahre
Kurzfristig	spezifisch, messbar, realistisch, Tag, Wochen, Monat, Quartal, ein Jahr

Du hast es sicherlich gleich gemerkt. Kurzfristige Ziele dürfen nicht unrealistisch sein, sonst wird dich dein Unbewusstes davon abhalten, aktiv zu werden. Sie müssen auch nicht immer anziehend sein. Es kann dem Zweck dienlich sein, da kannst du im Leistungsmodus auch für eine kurze Zeitspanne auf eine „richtige" Zielformulierung verzichten. Augen zu und durch, würde ich sagen. Je klarer und bestimmter, desto besser. Damit du ein Ziel auch erreichst, formuliere am besten ein wohlgeformtes Ziel. Das befreit dein Unbewusstes und Bewusstes von Widerspruch.

Wohlgeformte Ziele sind:

positiv formuliert	Am Ende keine Negationen und Vergleiche enthalten.
Spezifiziert (sinnesspezifisch, kontextualisiert)	Es ist wichtig zu wissen, wo und wann (Kontext) und woran man innerlich merken wird (sinnlich), dass man bereits am Ziel angekommen ist.
selbst erreichbar	Es soll selbst aktiv erreicht werden können. Eine passende Größe haben und nicht zu groß (also gut erreichbar), nicht zu klein (nicht motivierend) sein.
ökologisch	Ein Ziel, dass wir wirklich in die Tat umsetzen möchten, steht in Übereinstimmung mit unseren Werten, Beziehungen und übrigen Projekten. Um diesen weiteren Hintergrund abzuklopfen, können wir Fragen stellen, die die möglichen negativen Auswirkungen oder Inkongruenzen aufdecken helfen.
motivierend	Ein gutes Ziel ist anziehend. Wenn es noch nicht eindeutig genug ist, finde das Metaziel hinter dem Ziel (Überziel).

📖 **Ziele zeitlich definieren.**

Aufgabe: was willst du langfristig erreichen? Haben? Sein? Leite aus der Brainstorming-Liste die TOP Ziele ab. Leite aus der Brainstorming Liste die wichtigsten kurzfristigen Ziele ab. Außerdem plane Meilensteine (Zwischenziele) für die langfristigen Ziele.

❶ Langfristigen Ziele (privat, beruflich, gesundheitlich, finanziell):

❷ mittelfristigen Ziele (privat, beruflich, gesundheitlich, finanziell):

❸ kurzfristigen Ziele (privat, beruflich, gesundheitlich, finanziell):

❹ Die wichtigsten Meilensteine sind:

❺ To do:

Den Magnet in den Zielen aktivieren

Je mehr du dich mit dem Ziel beschäftigst, desto stärker wird das Zielbild. Viele Menschen belassen es bei der Zielformulierung, aber damit ist es noch nicht getan. Den Magneten im Ziel kannst und musst du selbst aktivieren. Je mehr Gefühle und Emotionen in diesem Bild stecken, desto anziehender wird das Zielbild. Visualisiere das Bild so, dass es lebendig ist. Wenn du schon Herzklopfen hast, vor Freude weinst, wie eine Lampe strahlst und dein Lächeln breiter als dein Gesicht ist, dann sind das Zeichen, dass der Zielmagnet ganz stark ist. Je öfter du mit dieser Lebendigkeit deine Ziele visualisierst, desto stärker ist die Magnetwirkung. Stell dir ein Ziel vor, das so kräftig strahlt, dass es dich von alleine anzieht. Dass plötzlich Dinge wie von alleine passieren. Dass du Möglichkeiten entdeckst, die du bis dato nicht gesehen hast. Dass dir Türen geöffnet werden, die bisher verschlossen waren.

Mit diesen Werkzeugen kannst du deine Ziele anziehend und stark formen:

- gute Fragen machen sie klarer
- das Metaziel wertet auf
- die 7 Ebenenkräfte lassen sie glänzen
- höhere Vorstellungskraft steigert die Anziehung
- die Walt Disney Methode festigt

📖 Ein kräftiges Zielbild erleuchten lassen.

Aufgabe: Stärke nun ein Ziel, das dir sehr wichtig ist. Beantworte die Fragen um das Zielbild klarer, kräftiger und anziehender zu machen. Erhöhe den Wert, den Emotionalitätsfaktor und die Magnetwirkung.

❶ Was ist der Wunsch, die Vision, der Traum? Was willst du konkret bis wann erreichen?

❷ Was hast du schon alles unternommen, um es zu erreichen? Was sind die wichtigen Schritte zur Zielerreichung? Wie viel Zeit, Budget und Ressourcen hast du zur Verfügung?

❸ Welche Voraussetzungen, Ressourcen, Eigenschaften, Fähigkeiten brauchst du zur Umsetzung? Was oder wer könnte dich hindern? Welcher Engpass ist der größte? Was tust du, um diesen zu beseitigen?

❹ Stell dir vor, du erreichst das Ziel nicht! Wie wirst du dich dann fühlen? Welche Konsequenzen hat das für dein Umfeld? Für deine Firma? Für deine Familie? Für dich selbst? Stell es dir vor! Und dann stell dir vor, du hast das Ziel erreicht. Wie wirst du dich dann fühlen? Welche Konsequenzen hat das für dein Umfeld? Für deine Firma? Für deine Familie? Für dich selbst? Stell es dir lebhaft vor!

❺ To do:

Du kannst den Magneten im Ziel auch stärken, indem du nach dem Ziel hinter dem Ziel fragst. Damit gehst du der Sache auf den Grund und hinterfragst dein Urmotiv, oder auch Metaziel, Überziel genannt. Dieses Urmotiv ist der wichtigste Grund für deine Handlungen zur Zielerreichung. Durch das Bewusstmachen baust du eine Brücke zum Unbewussten und stärkst damit das Ziel.

📖 **Finde das Urmotiv deines Zieles.**

Aufgabe: Erhöhe die Anziehungskraft des Zieles und verstärke die Magnetwirkung. Hinterfrage das Ziel, indem du die Wichtigkeit des Zieles auf der nächst höheren Ebene erkundest. Durch das dreimalige Hinterfragen findest du das Grundmotiv.

❶ Das Ziel ist: ... (a) Was ist an diesem Ziel für dich so wichtig?

❷ (b) Warum ist (a) wichtig?

❸ (c) Warum ist denn (b) so wichtig?

❹ Warum ist (c) so besonders wichtig?

❺ To do:

Robert Dilts hat mit dem Modell der logischen Ebenen NLP wesentlich bereichert. Mit den Ebenen kann man auch seine Ziele durchleuchten. Die logischen Ebenen sind hierarchisch gegliederte Ebenen des Denkens, die sich wechselseitig beeinflussen. Ganz unten gibt es die Ebene Umwelt, dann kommen Verhalten, Fähigkeiten, Werte und Glaubenssätze und Überzeugungen, Identität, Zugehörigkeit und ganz oben Spiritualität. Eine Regel besagt: Je höher die Ebene, an der du deine Veränderungen ansetzt, desto mehr wirken sie nach unten. Fängst du an einer Ebene weiter unten an, haben sie kaum Einfluss nach oben. Somit kann man das Ziel reflektieren, welche Auswirkungen bzw. Wechselwirkungen es zu den einzelnen Ebenen hat. Ebenso kann herausgefunden werden, in welcher Ebene du etwas verändern musst, damit du deine Ziele erreichst! Beispiel: Wenn du von deinen Zielen nicht überzeugt bist, nicht wirklich daran glaubst, dein Umfeld dich nicht unterstützt oder sogar behindert, dann wirst du es nur schwer oder gar nicht erreichen.

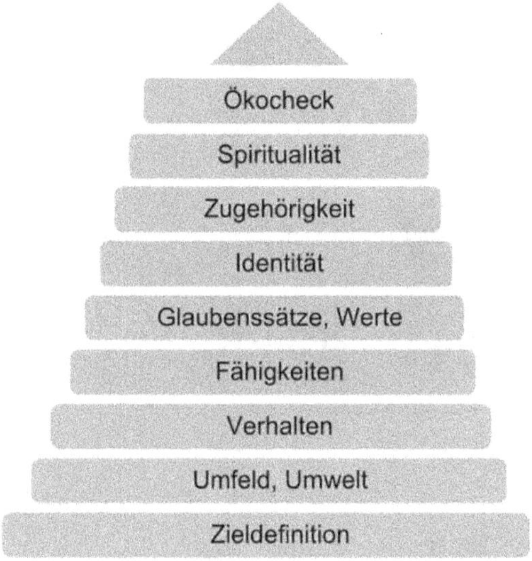

Abbildung 20: R. Dilts Pyramide

BONUS: Eine ausführliche Übung samt Anleitung findest du als Extrabaustein im strategischen Seminarhandbuch. Hier erfährst du ganz genau, wie du deine Ziele noch anziehender stärken kannst, was du dafür genau machen musst und warum diese Übung dich weiter bringen wird. Auf Seite 229 dieses Buches findest du den Code für das Seminarhandbuch.

Betrachte folgende 2 Bilder, und sage ganz spontan, welches davon mehr Leuchtkraft hat? Welches davon ist anziehender? In welchem Bild möchtest du lieber sein? Angenommen, der liebe Gott sagt zu dir: „du hast jetzt die Wahl und kannst in eines der beiden Bilder gehen und dort dein Leben genießen!" In welches würdest du gehen?

Abbildung 21: Vergleich schwaches und kräftiges Zielbild

Wenn du dir vorstellst, dass eines dieser Bild dein Zielbild ist. Wie hoch wäre ihre Motivation, das Bild eins zu erreichen? Bewerte auf einer Skala von 1 (1 Motivation) bis 10 (voll motiviert!). Bild 1: .... Und bei Bild 2? Bild 2: ....

Wahrscheinlich hast du das 2. Bild ausgewählt. Deine Motivation wird hier größer sein, du wirst hier mehr unternehmen, damit du dieses Zielbild erreichst, oder? Selbst als Schwarz-weiß Foto kann man erkennen, dass dieses Bild strahlt. Stell dir den blauen Himmel vor, du liegst an einem See, deine liebste Person ist da, du hast keine Sorgen und kannst das Leben in vollen Zügen genießen. Ahh, atme entspannt aus, befreie dich von allen Lasten und atme die gute, gesunde, erfreuliche Luft ein, die dich dort umgibt. Jeder Atemzug gibt noch mehr Kraft, Freiheit, Liebe, Dankbarkeit und Segen.

Stelle dir den Moment vor, wie du ein sehr wichtiges Ziel erreichst. Denke dich mit allen Sinnen so hinein, als ob es jetzt passieren würde. Was siehst du? Was hörst du? Was schmeckst du? Was riechst du und was kannst du ertasten? Wer ist noch mit dabei? Wen möchtest du sehen? Zaubere die Menschen herbei, die dabei sein sollen. Die dabei sind! Gehe Schritt für Schritt, von hier und jetzt, bis zum Ziel. Koste jeden einzelnen Schritt noch mehr aus. Gehe vom Ziel die einzelnen Schritte rückwärts bis zum jetzigen Standpunkt. Steigere dich in einen Gefühlsrausch, der 100 x stärker ist als das jetzige tolle Gefühl. Rede mit dir selbst. Klopfe dir auf die Schulter. Atme freudig aus, lache! Fühle und verstärke alle Sinneswahrnehmungen. Brenn für das Ziel, es muss dich so begeistern, dass alleine die Vorstellung enorme Kräfte frei macht. Dein Herz zum Klopfen anfängt, weil es einfach ein unheimlich gutes Gefühl ist. Verstärke dieses Gefühl. Und genieße es jetzt.

Je öfter du das machst, umso kräftiger wird das Bild. Umso anziehender. Du stärkst die Magnetwirkung und damit wird das Bild noch attraktiver. Je attraktiver und anziehender es ist, desto leichter gehen die Schritte. Desto schneller und mehr wirst du unternehmen, um das Ziel zu erreichen. Darum ist es wichtig, dass du das Bild belebst, dass du diesem Bild eine Seele einhauchst. Programmiere das Bild, zeichne es in aller Schärfe und Glanz. Damit findest du plötzlich Wege, die davor noch nicht zu sehen waren. Es öffnen sich plötzlich Türen, die zuvor verschlossen waren. Du wirst Wege finden, wie du diese lösen und beseitigen kannst. Visualisiere jeden Tag deine Ziele. Damit erzeugst du eine Sogwirkung, die stark anziehend ist. Mit der Zeit wirst du das Bild so anziehend bekräftigt haben, dass alleine der Gedanke daran schon eine Gefühlskette auslöst, die dich einfach bewegt, den nächsten Schritt zum Ziel zu tun.

Genauso wie du Bilder emotionalisieren kannst, kannst du diese auch wieder entemotionalisieren. Wenn du das Ziel nicht erreichen kannst oder nicht mehr erreichen willst, dann kann es förderlich sein, wenn du das emotionale Bild auf das Niveau von Bild 1 „reinigst". Neutralisiere die Emotionen auf ein so niedriges Niveau, dass es dich nicht mehr stresst, wenn du daran denkst. Wenn das Bild keinen Einfluss mehr auf dich haben soll (also nicht mehr magnetisierend sein soll – weil es irgendwie, bedingt durch die Entwicklung, unattraktiv, abstoßend, statt anziehend geworden ist), ist es wichtig, dass die eingespeicherte Bildinformation gelöscht wird. Sonst demoralisiert es, wenn du daran denkst.

Walt Disney hat eine einzigartige Methode entwickelt. Es ist eine Methode, die du für deine Zielerreichung verwenden kannst. Walt Disney hat diese Methode verwendet, um seine Filme umzusetzen. Nutze diesen Weg, um deinen „Film" zu drehen. Dafür schlüpfst du in 3 verschiedene Rollen:

1 = der Träumer (der Visionär, er schafft Möglichkeiten),
2 = der Planer (der Umsetzer ist der, der handelt, der es realisiert) und
3 = der Kritiker (der Riskmanager, der Controller, sucht Einwände).

Am besten ist es, wenn du für diese Übung 3 verschiedene Positionen (sitzend oder stehend) einnimmst. Die Veränderung des Platzes signalisiert deinem Unbewussten, dass es jetzt eine andere Rolle einnehmen soll. Die meisten Menschen bevorzugen eine der 3 Rollen, 2 bleiben werden somit vernachlässigt. Das Problem dabei ist, dass dadurch wertvolle Blickwinkel außer Acht gelassen werden. Diese könnten aber im Vorfeld schon Ungereimtheiten beseitigen und neue Möglichkeiten hinzufügen.

NLP besagt, dass jeder Mensch diese Ressourcen auch in sich hat, du kannst diese auch aktivieren. NLP kennt darüber hinaus sogar noch weitere Hilfsmethoden. Wenn du glaubst, dass du die Ressource selbst nicht hast, dann kannst du dir diese von jemand anderen „ausleihen". Du kannst eine Person wählen, die für diese Rolle bestens geeignet ist. Aus deinem Bekanntenkreis, ein Vorbild, eine erfolgreiche Person, eine Person der Öffentlichkeit. Wer könnte in die Rolle des Visionärs, des Umsetzers, des Kritikers schlüpfen? Was würde er zu dieser Situation sagen? Was würde er jetzt tun? Was würde er anders, gar nicht oder neu machen? So erkennst du plötzlich Wege und Methoden, die andere erfolgreich nutzen. Dieses Wissen kannst du dir nun selbst aneignen. Mehr noch, es gibt auch eine Methode, wie du in diese Rollen hüpfen kannst, um dir diese unterentwickelte Ressource voll aufzuladen. Wenn du neugierig genug bist, wie das funktioniert, dann wirst du schon bald auch diese Methode nutzen können.

Die Walt Disney Methode geht so: Nimm ein Ziel, das du erreichen willst und schlüpf in die Rolle des Träumers (Visionärs). Anschließend wechsle die Rolle und Position und schlüpfe in die Rolle des Planers. Überlege dir, wie du dein Konzept umsetzen wirst. Welche Projekte du starten wirst. In der dritten Rolle bist du der Kritiker. Bedenke, welche Engpässe, Einwände und Probleme auftauchen könnten. Dann kommt wieder die Rolle an die Reihe, die zu den Äußerungen vom Kritiker etwas sagen muss. Dazu sagt dann die andere Rolle etwas und zu guter Letzt ist wieder der Kritiker an der Reihe. Wenn in dir alle Stimmen zufrieden sind, kannst du mit der Umsetzung beginnen!

Beispiel: Der Visionär in mir sagt, ich werde ein Buch schreiben, das die ganze Welt lesen wird. Der Planer sagt, ok, dann müssen wir Schritt 1...10 machen. Der Kritiker sagt, das ist ja schön und recht, aber wir haben schon eine Vision gehabt, die haben wir nicht umgesetzt. P sagt, dann müssen wir zunächst einen Strategieplan machen, ob die neue Vision so anziehend und stabil ist, dass wir jetzt das Ding durchziehen können. K: wir brauchen einen Plan B, für den Fall, dass eine neue Vision auftaucht, das wir beim Plan bleiben. V sagt, gut, dann machen wir zuerst das, und dann das andere. K sagt, wenn wir diese Schritte machen, dann bin ich dabei. P sagt, ok, jetzt Du it!

📖 Ziele hinterfragen.

Aufgabe: Nimm ein Ziel und hinterfrage dieses mit der Walt Disney Strategie. Bestimme 3 Felder. Eines für den Träumer, eines für den Planer und eines für den Kritiker (lege zur Markierung 3 Zettel um dich herum). Gehe für jede Rolle auf dessen Feld. In der Mitte ist das Feld für den neutralen Ort. Hier startest du. Jedes Mal, wenn du in eine Rolle schlüpfst, befähige dich mit den entsprechenden Eigenschaften (denk daran, was diese Rolle braucht und lade dich damit auf!). Spiele die 3 Rollen so, als ob du all die Eigenschaften dafür hast.

❶   Ein Ziel definieren.

❷   Bearbeite das Ziel und gehe zunächst in die Position des Visionärs. Schlüpfe in die Rolle hinein mit der Einstellung und all den Eigenschaften eines Visionärs. Sage, was du als Ziel haben möchtest: „ ich möchte … , ich bin …;"

❸   Dann gehe an den neutralen Ort um folgend in die Rolle des Planers zu schlüpfen (mit der Einstellung und den Eigenschaften eines Planers). Wenn du in dieser Rolle bist, dann gehe zum Feld des Planers und denke an die Umsetzung: „Das werden wir so umsetzen …"

❹   Anschließend gehe wieder an den neutralen Ort und wechsle in die Rolle des Kritikers. Als Kritiker gehe zu seinem Feld und hinterfrage die Vision und die Umsetzung. „Achtung, da gibt es …"

❺   Mit der Meinung des Kritikers gehe dann zu der Rolle, die angesprochen wird. Beantworte die Fragen und biete eine Lösung an. Mit der nun angebotenen Lösung ist dann die entsprechende Rolle angesprochen etwas dazu zu sagen. Mach das solange, bis der Visionär, der Planer und der Kritiker mit dem Weg zufrieden sind und du damit das Ok hast, zu starten.

Tag 4: analysiere!

Die IZW Methode besteht aus 3 Kernpunkten: Ist, Ziel, Weg. Die Verknüpfung von Ist zu den Zielen über den Weg erhöht die Wirkkraft der einzelnen Teile: es entsteht eine magnetische Bahn. Die Ist-Wirkkraft schießt uns in die Bahn hinein, dort bewegen wir uns zielorientiert und nutzen die Schwerkraft und Beschleunigungskraft des Weges bis die Anziehungskraft des Zieles uns in den Bann zieht.

In diesem Kapitel befassen wir uns mit der Ist-Situation. Wir wollen uns einen Überblick über deine Ausgangsposition verschaffen. Die zentralen Kernfragen sind: „Wo stehst du momentan?" und „Wie kannst du die Startkraft aktiveren und nutzen?"

Mit der Analyse der Ist-Situation gewinnst du wertvolle Erkenntnisse aus der Vergangenheit. Diese Erkenntnisse und Lernerfahrungen werden in das strategische Konzept integriert.

Abgeschlossen wird die Standortanalyse mit einem energetisierten Maßnahmenplan. Dieser wird in Plan A gebündelt und auf das Ziel ausgerichtet.

Tagesziel: **Standortanalyse und Plan A formulieren.**

Gerd Ziegler

Der perfekte Moment für den idealen Plan. Wann ist der perfekte Moment ein Projekt zu starten und wie kriege ich das hundertprozentig hin? Wann starte ich am besten in ein neues Leben und wie genau sieht das aus? Wann sollte ich damit beginnen nach den eigenen Vorstellungen zu leben? Wann ist die Zeit günstig für einen Neuanfang?

Diese und ähnliche Fragen begegnen mir immer wieder. Manche Menschen bitten vermeintliche Experten diesbezüglich um Rat, andere befragen die Sterne oder lassen sich die Karten legen. Wieder andere verlassen sich auf die Weissagung eines Orakels oder vertrauen dem Gespür der eigenen Großmutter oder des besten Freundes. Und die Kopfgesteuerten verlassen sich auf eine möglichst genaue Analyse der derzeitigen Umstände, verbunden mit einer zuverlässigen Prognose kommender Ereignisse.

Unabhängig davon, welche Werkzeuge Sie als Entscheidungsgrundlage benutzen, den idealen Zeitpunkt zu bestimmen ist genauso schwer, wie den todsicheren Plan zu erstellen, der den Erfolg garantiert. Leider sind die Umstände immer irgendwie zu … Es ist zu kalt oder zu heiß, das Tempo zu schnell oder zu langsam, die Lage zu chaotisch oder zu geordnet. Der Mensch selbst ist zu dick oder zu dünn, zu groß oder zu klein, zu beschäftigt oder zu ungeübt oder sonst wie zu … Also besser noch ein bisschen warten.

Hinzu kommt die Tatsache, dass ein Plan sich umso unsicherer und fehlerhafter anfühlt, je länger man an ihm arbeitet. Was in der Begeisterung der ersten Idee noch als durchaus machbar betrachtet, und mit besten Erfolgsaussichten verbunden wurde, wird bei genauerer Untersuchung doch eher unwahrscheinlich und als, von vielen Unwägbarkeiten abhängig angesehen.

Das könnte schon klappen, aber wer weiß ob tatsächlich alles so kommt, wie man das in der Planung vorausgesetzt hat, oder?

Und so wartet man, erzählt jedem der es hören will und sich selbst, dass es nur eine Frage der Zeit ist, bis man das Angestrebte endlich umsetzen und loslegen wird. Sobald die Zeit reif und der Plan perfekt ist eben.

Allerdings wird das nie passieren, denn der Zeitpunkt ist nie perfekt, genauso wenig wie der Plan. Es gibt immer Verbesserungspotential und die Einschätzung der Umstände ist immer geprägt von gefilterter Wahrnehmung. Deshalb ist der perfekte Moment um zu starten immer JETZT. Es ist völlig egal von wo aus Sie starten, solange Sie wissen, wo Sie hin wollen. Natürlich ist eine akkurate Vorplanung und die Berücksichtigung der derzeitigen Umstände wichtig für den eigenen Erfolg, aber eben nur, wenn dies als Grundlage genutzt wird und nicht als Ausrede für das eigene Zögern. Was immer Sie sich wünschen, wovon immer Sie träumen - JETZT ist der Moment es anzugehen und was immer Sie zunächst wissen und planen, ist die bestmögliche Grundlage dafür. In diesem Buch von Markus Robinigg finden Sie die nötigen Werkzeuge um sich auf dem Weg kontinuierlich zu verbessern. Gehen Sie los und vertrauen Sie Ihren Kräften und Fähigkeiten. Es gibt keinen Grund zu warten.

Ihr Gerd Ziegler

Jedes Rennen beginnt am Start: Ist Analyse

Ist+Ziel+Weg ist ein System für deine unternehmerische Tätigkeit und gibt

Antworten auf 3 wichtige Fragen: Wo stehst du jetzt? Wo willst du hin? Wie kommst du dorthin? Damit verbunden sind auch folgende Fragen: Was bringt dir das? Warum brauchst du das? Was musst du dafür tun?

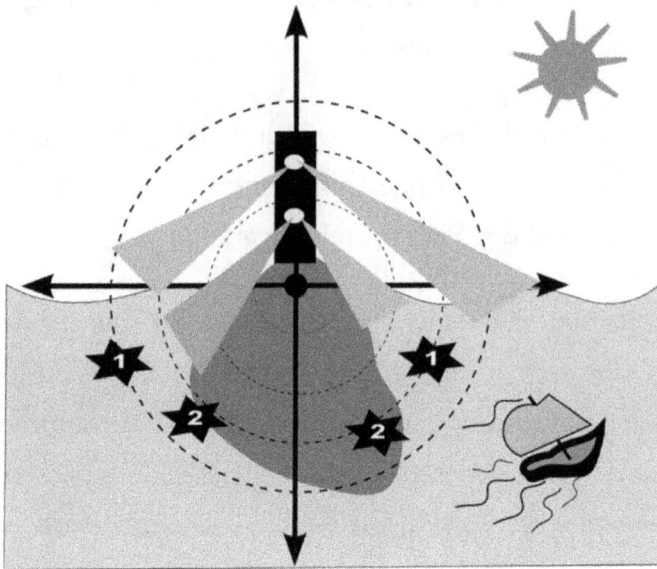

Abbildung 22: Ist-Analyse

Es gibt eine Geschichte von einem Seefahrer. Der trommelte eine Mannschaft zusammen und erzählte Ihnen von der weiten, weiten Welt. Am anderen Ende der Welt, da gibt es sagenhafte Schätze, eine Natur, so unbescholten wie nirgendwo anders auf der ganzen Welt, das Wasser, so klar und sauber, dass man es einfach trinken kann. Essen und Trinken gibt es zur Genüge, man vermutet sogar heiratswillige hübsche, intelligente und liebe Frauen, die nur auf die Mannschaft warten würden. Er erzählte Ihnen nicht von den Mühen und Anstrengungen, von den Gefahren und Risiken. Auch nicht von den Tiefen der Meere und möglichen Stürmen oder der sengenden Hitze. Was sich am anderen Ende der Welt befindet, kannte er eigentlich nur von Erzählungen und Vermutungen. Selbst war er noch niemals dort. Er konnte es sich aber so vorstellen und visualisieren, dass er andere davon begeistern konnte.

Betrachte deine Vision und Lebensziele (größerer Radarschirm) über Jahres- und Quartalzielen bis hinunter zu deinem Wochen- bzw. Tagesziel. Je kleiner der Fokus, desto mehr geht die Analyse ins Detail. Mit dem Rückblick entdeckst du (1) Erfolge und Stärken, (2) Misserfolge, Stolpersteine, Zeitdiebe, Schwächen, Hindernisse oder Engpässe und kannst sowohl (1) wie auch (2) planen bzw. dafür oder entgegen wirken.

Wenn die Zielkraft größer ist als die Wirkkraft der Engpässe (Hindernisse, Stolpersteine, Zeitdiebe oder Schwächen), dann können einen diese nicht aufhalten. Die Wunschkraft der Vision muss größer sein, als die Wirkkraft der Engpässe. IZW kann als Navigationsinstrument genutzt werden, um durch Wellen, Dynamiken und Komplexität der Weltmeere zu steuern. Projekte und Absichtserklärungen sind Motoren und Segel im Wind. Deine Mitarbeiter und Kooperationspartner unterstützen dich dabei, das Schiff zu steuern. Die Verantwortung für die Richtung der Steuerung und der Führung obliegt dir selbst, du bist der Kapitän. Erfolge und Misserfolge sind wertvolle Informationen und Feedback der Vergangenheit. Mit der Entwicklung deiner Persönlichkeit, der Firma und der Kundenbeziehung vergrößert sich dein Ressourcenrucksack. Je stärker du bist, umso vollwertiger wird dieser.

IZW geht vom momentanen Stand(ort) aus. Egal woher du gekommen bist, wie, warum und weshalb du hier bist, aber du bist im Augenblick genau dort, wo du bist. Du startest immer Hier und Jetzt, auch wenn du schon mitten auf dem Weg bist. Ein Ziel mit großer Anziehungskraft und Attraktivität setzt Energie und Kräfte frei. Mit einem Navigationssystem kannst du dich auf neuen Wegen besser orientieren. Du kannst so auch auf augenblickliche Veränderungen besser eingehen. Für das Navigationssystem greife auf bewährte Methoden und Werkzeuge zurück. Stelle diese auf deine Anforderungen ein und verwende sie. Sie unterstützen dich in vielen Lagen und vor allem: Du brauchst damit keine Angst vor Unbekanntem haben. Dein Unbewusstes ist Teil deines Navigationssystems und damit hilft es dir mit allen Ressourcen, über die es verfügt, weiter. Und dein Unbewusstes verfügt über die gleichen Ressourcen wie erfolgreiche Menschen. Diese sind sich aber schon längst bewusst, dass sie über diese Ressourcen verfügen. Mit der Verwendung der Werkzeuge und deines Navigationssystems aktiverst auch du diese Ressourcen.

Bei einer Firmenanalyse kann man viele Bereiche betrachten. Zahlenmenschen konzentrieren sich bevorzugt auf die Ergebnisse. Kreative Menschen auf die Potentiale. Menschenorientierte auf die Beziehungen und das Klima, usw. Die Betriebswirtschaft hat viele Themen entdeckt, die bis ins Detail analysiert werden. In meiner Analyse habe ich eine Mischform aus all den Methoden entwickelt, die sich als bewährt heraus kristallisiert hat. Sie funktioniert vielleicht nach dem Paretoprinzip, also werden ca. 80% dabei erfasst. Das genügt, um eine gute Strategie zu definieren und die Ziele zu erreichen. Auf dem Weg werden dann auch neue Einflüsse auftauchen, oder auch Themen die vom blinden Fleck nicht gesehen wurden. So erkennt man plötzlich die wirklichen Engpässe und Potentiale, die bearbeitet werden können. Nun ist Feedback auch Teil der Analyse und macht es deswegen so wertvoll.

In der Analyse wird die Firma aus 8 Perspektiven durchleuchtet. Du wirst dabei auch eine (Work)Lifebalance betrachten. Die Wechselwirkung mit dem Privatbereich und deiner Gesundheit beeinflussen die Leistung deiner Arbeit und umgekehrt. Diese Wechselwirkung macht sich besonders in der Langzeitanalyse stark bemerkbar. Kann man in einem kurzfristigen Zeitbereich auf so Manches „scheinbar" verzichten, zeigt sich dieser Verzicht schon bald in Form einer negativen Auswirkung. Wer seine Gesundheit (Familie, Freunde, Kinder, Fitness, Erholung, …) vernachlässigt, der …

Im Folgenden kannst du eine Analyse mit 8 Perspektiven machen. Der Inhalt dieser Perspektiven wird kurz definiert, doch dann bist du gefragt: Überlege dir, was in diesen Bereich noch Alles dazu gehört. Wenn du diesen

Quickcheck vierteljährlich machst, dann werden dir mit der Zeit auch ganz bestimmt alle für dich wesentlichen Aspekte einfallen. Bedingt durch dein Persönlichkeitsmuster werden einige Themen nicht so stark berücksichtigt. Sie werden getilgt, verdrängt oder generalisiert. Das sind Grenzen, dein eingeschränkter Horizont. Erweitere ihn! Wenn du nicht so erfolgreich wie gewünscht bist, sind die Punkte wichtig, die du bis dato vernachlässigt hast.

Schau dir die Details an. Schreibe auch auf, was du nicht hast. In jedem Fall geht es auch darum, dass du die Analyse, Ziele und die Strategie auch in schriftlicher Form erarbeitest. Alles nur im Kopf zu haben, oder situationsabhängig zu bewerkstelligen, ist nicht professionell. Es ist semiprofessionell. Es geht aber um dich, um deine Firma, um deinen Job. Da ist es wichtig, dass du professionell arbeitest. Verabschiede dich von den Semiprofessionellen. Entsage Sprüchen wie: „Das habe ich nicht nötig!" „Das habe ich immer so gemacht!" „In diesem Bereich brauche ich es nicht!" „Das funktioniert bei mir nicht!"

Dir erscheint es möglicherweise nicht immer wichtig, Alles Schriftlich zu haben, aber dein Unbewusstes kann besser damit arbeiten. Und dir fällt es bestimmt leichter, deine Erfolge daran festzumachen, dass du jedes einzelne Puzzleteil zusammengetragen hast und nachvollziehen kannst, wie dein Erfolg zustande gekommen ist.

Ein wesentlicher Aspekt ist Lernen und Entwickeln: Es entstehen neue Lernstätten in deinem Hirn. Du bist Schöpfer deiner Zukunft. Das Schriftliche muss nicht perfekt bis ins letzte Detail ausgearbeitet sein. Nein, du kannst bewusst bestimmte Details ausblenden, Lücken lassen, andeuten. Dein Unbewusstes wird diese Lücken und Details ausfüllen. Wenn etwas Wichtiges fehlt, wirst du darauf aufmerksam. Das Unbewussten entdeckt es. Du weißt plötzlich, was zu tun ist. Im Grunde sparst du dir damit auch sehr viel Lebenszeit, Lebensenergie und Lebenskraft. Es gibt viele Menschen, die gerade erst in der Pensionszeit angekommen, plötzlich sehr alt und gebrechlich werden. Die merken, dass sie plötzlich finanziell, gesundheitlich, persönlich, privat und beruflich „arm" sind. Dann ist es zu spät.

Und jetzt wünsche ich dir viel Spaß, ausgezeichnete Gedanken, geniale Ideen und glückliche Momente bei der Planung deiner Zukunft. Die Standortanalyse ist der Startschuss in die Zukunft.

In der folgenden Übung schlüpfst du auch in verschiedene Rollen hinein. Das ist wichtig, denn dadurch erweiterst du deinen Blickwinkel und deinen Horizont. In Abbildung A siehst du eine Person mit einem begrenzten Blickwinkel hat. Durch die Rollenspiele wird das Blickfeld vergrößert und erweitert. Damit du mit der folgenden Übung einen 360° Blickfeld erreichst, kannst du die Analyse mit den Inputs von zwei außenstehenden Personen ergänzen. So schließt sich der Kreis deines Blickwinkels und dein blinder Fleck wird zunehmend kleiner.

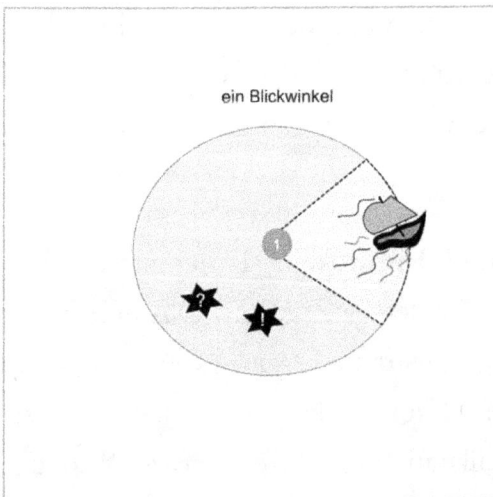

Abbildung 23: ein Blickwinkel   Abbildung 24: mehrere Blickwinkel

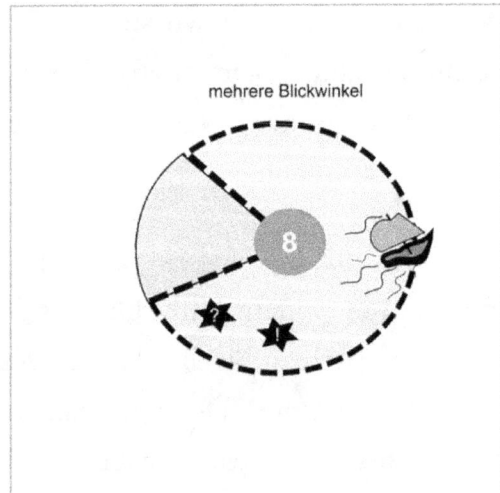

📖 Standortanalyse.

Aufgabe: Analysiere nun dein Unternehmen aus verschiedenen Perspektiven. Definiere den Inhalt der Perspektive und ergänze bei Bedarf. Bestimme den Reifegrad deines Systems (1 ist ein niedriger Reifegrad, 10 ist sehr hoch). Ein niedriger Reifegrad hat gleichzeitig hohes Potential und ist der Engpass deiner Entwicklung). Überlege dir, was gut, bzw. nicht gut läuft und was dich in diesem Bereich voran bringen kann.

(a) Reifegrad (1-10): 1.) Systeme und schriftliche Konzepte: ... 2.) die Sache: ... 3.) Personen und Beziehungen: ... 4.) eigene Persönlichkeit und Einstellung: ...

(b) Was läuft gut (+)?

(c) Was läuft nicht gut (-)? Was fehlt?

(d) Was kannst du hier machen, damit du deine Ziele verwirklichst?

❶   Bereich 1 = Strategie: strategisches Konzept, Marketingplan, Kooperationen, Innovationen, neue Ideen, Lernen und Entwickeln, Feedbacksysteme, F & E, Planung, Strategie, sowie: ...

❷   Bereich 2 = Kundensicht: Neukunden, Stammkunden, Angebot, Auftrag, Gespräche, Werbung, Empfehlungen, sowie: ...

❸   Bereich 3 = Einzigartigkeit: Verkaufsleitfaden, Argumente, Beweise, Referenzen, Feedback, Differenzieren, sowie: ...

❹   Bereich 4 = Geschäftserfolg: Frequenz, DB, Gewinn, Kalkulationen, Abweichungen, Controlling, Budget planen, sowie: ...

❺   Bereich 5 = Finanzen: Liquidität, Finanzlange, Verbindlichkeiten, Forderungen, Einnahmen, Ausgaben, Rechnungen, Rücklagen, Investitionen, Bank, Lieferanten, sowie: ...

❻   Bereich 6 = Mitarbeiter und du selbst: Produktivität, Schulung, Leistung, Ziele, Ausgleich, Entwicklung, Aufgaben, Zeitmanagement, sowie: ...

❼ Bereich 7 = Organisation: Ablauf, Prozesse, Aufbau, Qualität, System, Produktion, Montage, Service, Reklamationen, sowie: ...

Bereich 8 = Lifebalance: Glaube, Entspannung, Familie, Fitness, Beziehung, Auszeit, Freunde, Urlaub, Geist, Sport, sowie: ...

❽ Durchleuchte die einzelnen Perspektiven und betrachte sie aus den unterschiedlichen Rollen (Blickwinkel): Visionär (2), Kritiker (3), Realist (4). Was würde diese Person (Rolle) dazu sagen bzw. ergänzen? Finde zumindest 1-2 Ergänzungen pro Perspektive und Frage.

❾ Erkenntnisse aus Punkt 8?

❿ To do:

Wenn du jetzt im Punkt 9 Erkenntnisse aufgeschrieben hast, sehr schön. Wenn nicht, dann gehe bitte noch einmal zurück und mach es jetzt. Ich möchte dir helfen, dass du dein Bewusstsein schärfst. Dass du ein besseres Gefühl für deine Persönlichkeit bekommst. Auch wenn es dir schon zum Hals raushängt, dass ich es zum wiederholten Male erwähne, mach ein schriftliches Konzept! Wenn es dir leicht fällt, dann hast du schon einen höheren Reifegrad. Wenn nicht, dann ist es natürlich, dass deine Gewohnheit dagegen rebelliert. Dann ist es für dich etwas Neues, und Neues muss geformt werden. Während du dieses Buch sorgfältig ausarbeitest, kann es auch etwas anstrengend sein. Das ist gut so. Dein Geist wird geprägt und lernt eine neue Art, ein Buch zu lesen. Das erweitert deinen Horizont. Du trainierst neue Kräfte und wirst somit für andere Bereiche mit neuen Kompetenzen ausgestattet. Gratulation! Du gehörst damit zu den auserwählten Menschen, die etwas schöpfen! Du weißt ja bereits, Pareto sagt TOP 20% dazu! Hurra!

Überlege dir, was die kritischen Erfolgsfaktoren sind, damit du deine Ziele und Projekte umsetzt, Engpässe beseitigst. Du kannst die Übung auch gemeinsam mit einer Vertrauensperson durchchecken. Frage diese Person, was sie dazu sagt. Sie wird sich freuen, dass du sie als Vertrauensperson, als Experten ansiehst. Damit gewinnst du unglaublich viele, auch neue Erkenntnisse. Diese können für deinen Erfolg entscheidend sein. Wenn du ein guter Unternehmer bist, fehlt noch Etwas, um ein Top Unternehmen zu sein. Bedenke auch das: Mehr Augen können mehr sehen. Finde das gewisse Etwas.

📖 Erfolgsfaktoren finden.

Aufgabe: Was sind Erfolgsfaktoren, damit du eine TOP Firma hast? Betrachte die Firma auch aus der Sicht der einzelnen Rollen und frage 2 externe Personen dazu. Finde deine Lücken im System, in der Sache, in der Person. Wenn du diese Lücken schließt, wirst du den Level halten und in einen höheren aufsteigen können.

❶ persönliche Erfolgsfaktoren (Eigenschaften, Fähigkeiten, Werte, Glaubenssätze, Überzeugungen, Umfeld, Identität, Glauben, …):

❷ Erfolgsfaktoren im Betrieb (Mitarbeiter, Organisation, Technik, …):

❸ Erfolgsfaktoren bei den Kunden (Einzigartigkeit, Abschluss, Akquise, Betreuung, Abrechnung, Service, Strategie u. Planung, Marketing, …):

❹ Erfolgsfaktoren Work-Life Balance (Beziehung zu Fitness, Ernährung, Gesundheit, Entspannung, Familie, Stressbewältigung, Freizeit, …):

❺ Erfolgsfaktor Markt (in ihrer Branche, Markt, Marktbarrieren, Gesellschaft, Gesetzte, Banken, Lieferanten, …):

❻ To do:

3 x 3 Methode ZZE: Zeitdiebe, Zielfresser, Energieräuber

Ein Zeitdieb nimmt dir wertvolle Zeit weg. Ein Zielfresser hindert dich bei der Zielerreichung. Ein Energieräuber saugt dir deine Energie ab. Bis du saft- und kraftlos herumhängst. Deine Zeit ist immer von Etwas oder Irgendjemanden besetzt. Es wirkt sich in jedem Fall auf die Zeit aus. Ein Zielfresser wirkt etwas anders als ein Energieräuber. Es kann sich um eine Person, dich selbst, eine Sache oder ein System handeln, dass dich an der Umsetzung hindert. Ein ZZE ist meistens unbemerkt aktiv. Manche ZZEs erwischt man vielleicht, andere sieht man, kann sie aber nicht fangen. ZZEs werden auch verurteilt und eingesperrt. Manche werden wieder freigelassen und werden rückfällig. Einige werden mit der Zeit immer schlimmer, gieriger und sind oft unersättlich.

📖 **Finde deine Zeitdiebe, Zielfresser und Energieräuber.**

Aufgabe: In der folgenden Tabelle sind Zeitdiebe, Zielfresser und Energieräuber aufgelistet. Überlege dir, ob es in diesen Bereichen etwas gibt. Was hindert dich am Vorankommen? In welchem Kontext treten diese besonders häufig auf? Bearbeite die größten ZZEs mit einer Absichtserklärung.

Bewerte entsprechend: 1 … nein, 2 … ja, 3 … stark, 4 … extrem

❶ Zeitdiebe, Zielfresser, Energieräuber bewerten.

Unklare Zielsetzung	spontane Prioritäten	Papierkram und Lesen
schlechte Tagesplanung	zu viele Aktennotizen	Übersicht Aktivitäten
Viel auf einmal zu tun	schlechtes Ablagesystem	überfüllter Schreibtisch

Privater Tratsch	Zu viele Wartezeiten	unangemeldete Besucher
Hast, Ungeduld	Perfektionismus	lange Besprechungen
geringe Selbstmotivation	Bequemlichkeit	Ablenkung, Lärm
"Nein" sagen können	Alles wissen wollen	Aufgaben schieben
fehlende Selbstdisziplin	Telefonische Störungen	Entscheidungen treffen
Schlechtes Teamwork	Zu wenig delegieren	Zu wenig Infos

❷ Ergänzung ZZE besondere Personen, Sachen, Systeme?

❸ Ergänzung ZZE besondere Überzeugungen, Schwächen, Verhalten, Glaubenssätze, fehlende Fähigkeiten?

❹ Die 3 größten Hinderer sind? Der größte Hinderer ist? Warum ist … der größte Hinderer? Was ist die negative Konsequenz, wenn dieser nicht beseitigt ist? Stell dir vor, der Hinderer wütet weiter. Wie fühlst du dich dann? Was passiert, wenn dieser Hinderer beseitigt ist? Denk dich in den Zustand hinein wie es sich verbessern wird.

❺ Was sind deine Zeitspender, Zielförderer, Energieversorger? Wer, was, Wann, wo, wie kommst du dazu bzw. kannst du diese nutzen? Wann brauchst du diese besonders? Diese erzeugen einen AAAH-Wohlfühlzustand. Gibt es Rituale, Gewohnheiten, Bilder (Anker!), Personen, Orte, Räumlichkeiten, Denkweisen und Mindhypnotalks, die ZZE-AAAHS sind? Finde deine ZZE-AAAHS und nutze sie! Stell dir vor, …

❻ To do:

SWOT 3D

Die SWOT Analyse ist ein Instrument des strategischen Managements. Damit kann man sehr gut innerbetriebliche Stärken und Schwächen, wie auch externe Chancen und Risiken analysieren. Diese Betrachtung fließt in die Strategie ein und ist für die weitere Ausrichtung der Unternehmensstrukturen und der Entwicklung der Geschäftsprozesse relevant. Stärken und Schwächen sind dabei relative Größen, erst im Vergleich zu Mitbewerbern wird der Wert dieser Größen messbar und beurteilbar. Veränderungen fördern oder bedrohen die Unternehmensentwicklung. Der Unternehmer kann auf diese Umwelteinflüsse reagieren, indem er diese als Chancen ansieht und proaktiv agiert. Die Kernstrategien werden in der SWOT Matrix eingetragen und dienen zur Orientierung und Handlungsanleitung.

Die SWOT Analyse ist ein tolles Instrument, gehört meines Erachtens aber um 2 wesentliche Komponenten erweitert. Ausgangspunkt dieser Überlegung ist folgende Frage: Woran liegt es, wenn man seine Chancen nicht nutzt. Zwei Faktoren üben hier einen sehr großen Einfluss aus: Die eigene Persönlichkeit und Schwächen im Verkauf. Wer sich in diesen Bereichen gezielt verbessert, der hat es in der Realisierung der Chancen leichter.

📖 SWOT 3D.

Aufgabe: Erstelle eine SWOT 3D Strategie (Analyse mit Zielvereinbarung und Strategie ableiten). Erweitert um die 2 Bereiche Verkauf und Persönlichkeit.

❶ Stärken: Was sind die Kernkompetenzen der Firma? Wo hast du einen Leistungsvorsprung? Persönlich? Verkauf?

❷ Schwächen: Was hindert dich am Weiterkommen? Welchen Entwicklungsbedarf hast du? Persönlich? Verkauf?

❸ Neue Inputs: Was sind deine verborgene Talente, Vorlieben und Leidenschaften, ebenso neue Fähigkeiten die du gerne aufbauen möchtest? Was könnte dich antreiben und motivieren, damit du Chancen und Risiken besser handhabst?

❹ Chancen: Wo kannst du einen Wettbewerbsvorteil nutzen? Profitabel agieren? Gibt es ein Marktsegment, wo du besonders wachsen könnest?

❺ Risiken: Welche Trends, Entwicklungen können zu Umsatz-, Gewinnverlusten führen? Welche potentiellen Bedrohungen können entscheidend gefährlich werden?

❻ Matrix erstellen: Hast du die Stärken, um deine Chancen zu nutzen? Zielsetzung: Verfolgen von Chancen, die zu Stärken der Firma passen.

❼ Verpasst du Chancen wegen deiner Schwächen? Zielsetzung: Schwächen eliminieren, um neue Möglichkeiten zu nutzen.

❽ Hast du die Stärken, um Risiken zu bewältigen? Zielsetzung: Stärken nutzen, um Bedrohungen abzuwenden.

❾ Welchen Risiken bist du wegen deiner Schwächen ausgesetzt? Zielsetzung: Verteidigungen entwickeln, um vorhandene Schwächen nicht zum Ziel von Bedrohungen werden zu lassen.

❿ To do:

Achte bei der Erstellung darauf, dass sich die Analyse auf Ziele bezieht. Verwechsle Chancen nicht mit Stärken. Setze Prioritäten und leite Strategien und Maßnahmen ab. Es werden Herausforderungen interner und externer Natur durchleuchtet. Strategien und Maßnahmen dienen dazu, die Herausforderungen zu bewältigen. Verwende die SWOT Analyse als Teil deiner Strategie und deren Umsetzung. Die SWOT 3D regelmäßig und öfters als 1 x pro Jahr machen, mindestens 2 x. Wenn du deine Chancen nutzt, geht es dir sicherlich besser, oder? Wenn Risiken das Ende deiner Firma bedeuten, was würde das für dich heißen? Stell dir diese 2 Fragen wenn ein neues Quartal anfängt, oder du den Stand der Umsetzung überprüfst. Im Laufe meiner Beratung habe ich die Erfahrung gemacht, dass es oft seine Zeit braucht, bis eine Chance tatsächlich als Erfolg verbucht wird. Genauso wie bei den Risiken. Nur, wenn diese schlagend werden, dann passiert das oft erbarmungslos und von heute auf morgen.

Überlege dir, wie du Etwas verändern kannst, damit es besser wird. Diese Veränderungen betreffen vor allem Verhalten, Denkweisen, dein Umfeld, Glaubenssätze und Überzeugungen deiner Persönlichkeit und Verkaufsfähigkeiten, wie allen 8 Feldern des Unternehmens. Folgende Strategien können für Veränderungsprozesse verwendet werden.

- STOP! Nicht mehr machen! Unterlasse zukünftig diese Aktivitäten und mache hier gar nichts mehr!
- NEU! Mache gewisse Dinge komplett neu um den eingeschlagenen Weg fortzugehen.
- ANDERS! Mache es anders als bisher. Drehe ein bisschen am Rad, aber mache weiter.
- VERSTÄRKEN! Das was gut läuft, weiter machen. Verstärke diesen Weg, damit es noch besser wird.

📖 Den Veränderungskompass ausrichten.

Aufgabe: Überlege dir, welche Strategie du im System, in der Sache oder in deiner Persönlichkeit verändern musst, damit du deine Zukunft besser gestalten kannst. Überlege dir, was du zukünftig, … machen wirst?

❶   To do: Neu?

❷   To do: Nicht mehr?

❸   To do: Anders?

❹   To do: Verstärkt?

Mach es anders! Im Marketing, bei den Produkten, in der Organisation oder bei den Mitarbeitern, …: Es kann gut sein, Etwas auch einmal radikal zu verändern. Provoziere und brich Regeln ganz bewusst.

Hin und wieder genügt es, kleine Veränderung zu machen: Ändere die Reihenfolge, den Blickwinkel, die Form, die Farbe, den Ort. Mach das Gegenteil. Fang von hinten an. Zerlege und setze es neu zusammen. Versuche all deine Freunde, Kunden zu verlieren. Verwende Bilder statt Worte. Klänge statt Worte. Triff dich mit neuen Menschen, bereise neue Länder, schalte Computer und Handy eine Woche lang nicht mehr ein. Reduziere die Komplexität, mach etwas kleiner, größer, länger, heller, feiner, vereinfache. Gehe in ein Kloster, mach etwas Verrücktes und Verwegenes. Aber, mach etwas!

Plan A: ausrichten und starten

Zielrichtung für eine mutige Vision: Die erkennbare Zukunft. Visionen setzen Kräfte frei. Sie vermitteln Werte, die über den Tag hinausgehen. Sie tangieren zu großen Themen. Visionen sind mehr nach außen gerichtet. In Richtung Zukunft. Das Leitbild geht mehr nach innen. In dir stecken genügend Potentiale, entdecke diese! Die Auseinandersetzung mit Werten, Stärken und Zielen wird dich enorm weiterbringen. Positionierung ist wie das Fundament eines Hauses, die gesunde Basis für langfristigen Erfolg.

📖 **Vision, Mission, Leitbild.**

Aufgabe: Definiere deine Vision und deine Mission. Erstelle davon ein Leitbild, das für dich, für die Mitarbeiter sowie den Kunden und der Gesellschaft als Orientierung dient.

❶ Was ist für dich wichtig im Leben? Was möchtest du haben? Wer möchtest du sein? Wer möchtest du werden? Was ist für dich wichtig im Job? Was möchtest du haben? Wer möchtest du sein? Wer möchtest du werden?

❷ Was ist für dich wichtig beim Kunden? Was sollen die Kunden über die Firma sagen? Was sollen sie nicht sagen? Wofür bist du (die Firma) der Experte? Der Spezialist?

❸ Was ist für dich wichtig bei den Mitarbeitern? Was sollen die Mitarbeiter über die Firma sagen? Was sollen sie nicht sagen?

❹ Was soll die Familie über die Firma sagen? Was sollen sie nicht sagen? Firmenzweck – Wer wollen wir (die Firma) sein? Firmenmission – Was wollen wir sein? Firmenvision – Was ist das Bild der Zukunft?

❺ To do: Definiere ein Leitbild für dich, für die Mitarbeiter, für die Kunden und die Gesellschaft.

In der folgenden Übung wird ein Schwerpunkt auf Vorstellungsübungen gesetzt. Der Zweck ist es, das Unbewusste zu aktivieren. Bei der negativen Vorstellung soll das Unbewusste dich damit von einem Nichterreichen weg lenken. Aufmerksam machen, wenn Hindernisse vor dir sind, wenn du nicht weiter kommst. Außerdem dient das als Motivation (Schmerz), es spricht auch ein Weg-von-Muster an. Bei der positiven Vorstellungsübung soll das Unbewusste sich mit dem Zielbild emotional verbinden. Dann wird es die Ressourcen wie Suchen, Finden, Lernbereitschaft, Motivation, Durchhalten, Disziplin, Konsequenz, Weitermachen, …, aktivieren. Das Unbewusste scannt die Umwelt und das was passiert, und sobald etwas für das Zielbild relevant ist, wird es ein Signal senden. Dann wirst du bewusst entscheiden können, was du jetzt damit machst und was nicht. Außerdem dient es der Motivation (Freude) und spricht das Hin-zu Muster an.

📖 Prioritäten setzen: Kurz- und langfristige Ziele.

Aufgabe: Lege deine wichtigen Ziele fest. Finde. die wichtigsten Ziele. Achte auf die Bedingungen der einzelnen Ziele.

❶ Ich möchte folgendes in der nahen Zukunft (1-2 Jahre) erreichen? Ist das Ziel unter folgenden Bedingungen erfüllbar: (a) Ist das Ziel aus eigener Anstrengung realistisch erreichbar? (b) Ist das Ziel konkret und klar formuliert (zeitlicher Rahmen, Zwischenziele)? (c) Ist das Ziel messbar (wenn sie messbar sind, kannst du auch bei Abweichungen reagieren)? (d) Ist das Ziel positiv formuliert (vermeide: ich will nicht – schreibe auf, was du stattdessen willst)? (e) Ist das Ziel derart motivierend, dass du es unbedingt erreichen willst (brennst du darauf, das Ziel zu erreichen)?

❷ Was sind die wichtigsten langfristigen Ziele in der „fernen" Zukunft

(~ 5-7 Jahre und Vision)? Formuliere diese unter folgenden Bedingungen: (a) Ist das Ziel anziehend und attraktiv (sie müssen nicht unbedingt realistisch sein, aber motivierend)? (b) Ist das Ziel groß genug (Das ist aus folgendem Grund wichtig: Wenn es groß genug ist, wirst du bei auftretenden Problemen trotzdem weiter machen, darüber hinweg sehen)? (c) Ist das Ziel messbar (wenn es messbar ist, kannst du auch bei Abweichungen reagieren)? (d) Ist das Ziel positiv formuliert (vermeide: ich will nicht – schreibe auf, was du stattdessen willst)? (e) Ist das Ziel derart motivierend, dass du es unbedingt erreichen willst (brennst du darauf, das Ziel zu erreichen)?

❸ Was ist die negative Konsequenz, wenn du es nicht erreichst? Stell es dir so bildhaft vor, als ob es genau jetzt eintritt. Wie fühlst du dich dabei? Was denkst du? Siehst du? Hörst du?

❹ Was passiert, wenn dieses Ziel erreicht ist? Stell es dir so bildhaft vor, als ob es genau jetzt eintritt. Wie fühlst du dich dabei? Was denkst du? Siehst du? Hörst du?

❺ Was ist die positive Konsequenz, wenn du es erreichst? Stell es dir so bildhaft vor, als ob es genau jetzt eintritt. Wie fühlst du dich dabei? Was denkst du? Siehst du? Hörst du?

❻ To do:

jetzt DU it ©

Tag 5: setze es um!

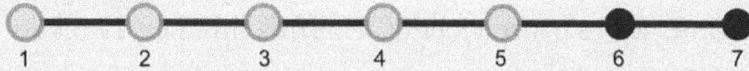

Wie interessant ist es für dich, Erfolg zu haben? Wie wichtig ist es für dich, dass du glücklich bist und deine Ziele erreichst? Deine Antwort wird wahrscheinlich „Sehr wichtig!" sein, oder? Erstaunlicherweise erreichen aber nicht alle Menschen ihre Ziele oder haben Erfolg. Was sind die Ursachen dafür?

Eine Ursache ist das Nicht-Tun oder das Falsche tun. Es gibt Menschen, die analysieren sich „zu Tode", während andere von Ihren Zielen nur träumen. Eine weitere Ursache ist, das viele Menschen immer wieder das Gleiche tun, nicht konsequent genug umsetzen oder nicht bei der Sache bleiben. Das fehlende Bindeglied ist ein gesundes Tun und Denken. Ein gesundes Umsetzen ist der Kern dieses Kapitels. Wir nehmen die Bausteine aus den Kapiteln zuvor und fügen diese zusammen.

Du lernst, wie du dir ein tolles 12 Wochenprogramm zusammenstellst. Mit diesem Programm stellst du die Weichen für die Zukunft. Nutze das Konzept als Basis für deinen Erfolg. Überarbeite es laufend, ergänze es, verändere es, mach etwas damit – es ist deine Zukunft. Mit deinem Konzept gestaltest du dein jetziges und weiteres Leben.

Tagesziel: **12 Wochenprogramm erstellen.**

Arno Fischbacher

Ich erinnere mich gut an jenen kritischen Moment. Es war im Jahr 1993. Wir waren gerade mitten in den Proben zum „Menschenfeind" von Moliére, als zwei Wochen vor der Premiere der Darsteller des Alceste krankheitsbedingt seine Rolle zurückgeben musste. Guter Rat war teuer. Ich hatte als schauspielender Kaufmännischer Direktor des Theaters gerade alle Hände voll mit dem Bau der neuen Spielstätte im sogenannten Petersbrunnhof zu tun und war zusätzlich mit einer Nebenrolle besetzt. Dann kam der denkwürdige Abend, an dem mich Pjotr Fomenko, der legendäre russische Regisseur des Menschenfeinds, zu sich ins Hotelzimmer einlud. Auf dem Tisch standen eine Flasche Wodka und zwei Gläser. Mir war klar, was das bedeutete: Der nächste Tag heißt Probenbeginn für den neuen Hauptdarsteller Arno Fischbacher.

Zwölf unfassbare Tage begannen. Morgens ins Leitungsbüro, Gespräche mit Planern und Behörden, um zehn Uhr Probenbeginn, beim Mittagessen Textlernen mit der Regieassistentin, nachmittags wieder ins Büro, abends zur Abendprobe und nachts Textlernen auf dem Nachhauseweg. Moliere-Zeilen zum Frühstück, Kabelführung und Planung der neuen Tonanlage zwischendurch. Proben mit dem fantastischen, aber nur russisch sprechenden Regisseur in jeder Minute dazwischen. Der Dolmetscherin glühten die Wangen. Wie ein Schlafwandler ging ich Schritt für Schritt auf das Ziel zu. Der Vorhang muss sich zur Premiere öffnen. Das Publikum interessiert nicht, wie viel Zeit ein Schauspieler zur Vorbereitung hatte. Um es kurz zu machen: Ich schaffte es. Ich erinnere mich noch sehr genau an einen kurzen Texthänger im zweiten Teil des Abends, eine kurze Schrecksekunde. Dann die Erlösung, der Applaus. Die Premiere war umjubelt, die Aufführungsserie ein großer Erfolg.

Was hat mir geholfen, diese Aufgabe erfolgreich zu meistern? Der erste Schritt: Unterstützung suchen, Rahmenbedingungen verändern. Dann der nächste Schritt. Dann der nächste. Veränderungen wirkungsvoll durchzuführen geht nur so: Schritt für Schritt für Schritt für Schritt. Das ist der wirkungsvollste und auch der einzige Weg, um vom Denken ins Tun zu kommen. Egal ob Sie die Veränderung plötzlich einholt oder Sie sich lange darauf vorbereiten können. So und nur so setzen Menschen um. So verändern Sie Ihr Leben. So wird aus Erkenntnis ein Erlebnis.

Was sich so einfach anhört, ist in der Praxis so schwierig. Das wissen wir alle. Nicht nur aus meiner langjährigen Erfahrung als Schauspieler, Theaterdirektor und Stimmexperte für die Wirtschaft, sondern auch aus tiefster, innerer Überzeugung rufe ich den Menschen, die ich unterstütze, Markus Robiniggs Motto zu: „Träume Deine Ziele, lebe sie, erreiche sie!"

Ihr Arno Fischbacher

Umsetzen! Das 12 Wochenprogramm

Erfolgreiche Menschen machen gewisse Dinge anders als nicht erfolgreiche, sonst wären sie auch erfolglos. Sie sind oft konsequenter, disziplinierter und tun auch die Dinge, die anstrengend sind. Im Strategiekreis EKS gibt es eine einfache aber sehr wirksame Methode, um Spitzenleistung aufzubauen. Man sammelt ausreichend genug Informationen, die einem dazu verhelfen, in einem Gebiet Expertenstatus zu erlangen. In einer Sammelmappe hat man die Details, in einer Ideendatenbank die Übersicht. Details und Übersicht werden laufend durch weitere Ideen und Notizen ergänzt. Eine Ideendatenbank übt mehrere wichtige Funktionen aus. Man verliert damit keine Idee mehr und entlastet seine Gedanken (Man muss nicht immer ständig alles im Kopf haben). Erfolgreiche Menschen konzentrieren sich auf wenige Dinge. Diese setzen sie dafür konsequent um. Einen Schritt nach dem anderen. Sie fokussieren sich auf ihre Ziele und legen einen Zeitraum fest, in dem sie ihre Projekte umsetzen. Zielarbeit funktioniert in 12 Wochenprogrammen außergewöhnlich gut. Es sind überschaubare Zeiträume, die dadurch auch leichter abzuschließen sind. Im übertragenen Sinne ist ein 12 Wochenprogramm ein Riesenschritt hin zum Ziel. Wenn sie 100 Riesenschritte brauchen, dann wissen sie, jedes 12 Wochenprogramm bringt sie dem Ziel näher.

Ideendatenbank	Projekte	Ziele
Ordner, Box, Ausdrucke, Zeitungsausschnitte, EDV System, Notizen, Zitate, Zeichnungen, Videos, Beweise, Studien, …	Die 3 wichtigsten Projekte: Ziel, Aktivität und Schritte, Start und Ende, Verantwortung	Zeitraum, Ziel (messbar und machbar), Budget, Aktivität, Engpässe und Lösung, Motivations- und Leitfragen

Überlege dir deine Strategie für die nächsten 12 Wochen. In welchem Bereich wirst du besonders aktiv sein? Wo möchtest du kurzfristig Erfolg haben und langfristig an deinem Erfolgsrad drehen? Halte die Balance zwischen kurz- und langfristig wichtigen Aktivitäten. Das kannst du elegant in ein 12 Wochenprogramm verpacken.

In einem **12 Wochenprogramm** arbeitest du an einem oder mehreren Projekten. Es ist ein Bündel aller Maßnahmen und Aktivitäten für die nächsten 12 Wochen. Das wichtigste **Projekt** (die Nr. 1) wird vordergründig behandelt. Es kann sein, dass ein Schritt aus einem anderen Projekt, das Weiterführen von Nr. 1 erst ermöglicht. So kannst du Projekte gut miteinander verbinden. Projekte können natürlich auch über einen längeren Zeitraum hinweg gehen. Außerdem berücksichtigt das Programm das tägliche Geschäft. Integriere mehrere Systemwerkzeuge in das Programm. Mit dem **Wochenplan** gestaltest und kontrollierst du deine Arbeitswochen. Mit einer **Absichtserklärung** baust du gewisse Gewohnheiten auf und ab. Du veränderst den Umgang mit deinen Ziel-, Zeit-, Energiedieben und –förderern. Ebenso integrierst du deine **Ziele** in das 12 Wochenprogramm, sowohl die kurz- wie auch langfristigen Ziele. Zur besseren Orientierung verwendest du **Controlling** und Meilensteine, wie auch eine **PlusMinus Bilanz** und **Feedbackschleifen**. Mit einem Plan B, der Engpassanalyse und den weiteren Aktivitäten und Maßnahmen rundest du das fein abgestimmte Programm ab.

13 Fallen warten auf den (Nicht)Umsetzer

Erfolgreiche Menschen, die zielorientiert umsetzen, tappen in weniger Fallen als nicht erfolgreiche Menschen. Nichtumsetzer laufen unwissend oder wissentlich in zahlreiche Fallen hinein. Überlege dir, wie dich diese Fallen derzeit tangieren. Alles, was du nicht wirklich machst, was du nicht konsequent oder regelmäßig tust, sind Fallen, die du mit dir herum trägst. Stell dir vor, jede Falle wiegt 5 Kilo. Diese Kilos sind unnötige „Energiefette", das sich in deinem Unbewussten ablagern. Das ist auch der Grund, warum einige Sachen so schwer fallen. Bau das überschüssige Energiefett ab, dann bist du fit!

Aufgabe: Überlege dir, Schreibe überall dort, was du nicht machst eine 5 und zähle am Schluss deine Kilos zusammen. Wie viele zusätzliche Kilos schleppst du mit dir herum?

- Mach **nicht** ein schriftliches Konzept.
- Nimm dir für die strategische Umsetzung **nicht** genug Zeit.
- Nimm den Zeitplan **nicht** ernst.
- Setze die Maßnahmen **nicht** um und kontrolliere sie **nicht**.
- Habe **nicht** Spaß an der Umsetzung.
- Plane **nicht** die Woche im Voraus.
- Kontrolliere deine Wochenpläne **nicht** rückwirkend.
- Setze **nicht** attraktive und erreichbare Ziele.
- Löse **nicht** die Engpässe der Kunden.
- Löse **nicht** deine Engpässe.
- Konzentriere dich **nicht** auf deine Stärken.
- Verlasse **nicht** deine Bequemlichkeitszonen.
- Verändere **nicht** deine alten Gewohnheiten.

Sei dir bewusst: Jedes „nicht" bringt dich nicht ans Ziel. Der Mensch macht Dinge oft nicht mit ganzem Einsatz. Er tut sie zwar, aber eben nicht vollkommen engagiert. Beim Sport sieht man das Resultat unmittelbar nach dem Einsatz. Im Leben oft erst viel später. Aber dann ist meist sehr viel Zeit vergangen, und man kann die verlorene Zeit nicht mehr zurückholen. Steuere die Durchführung deiner Aktivitäten und geplanten Tätigkeiten bewusster. Emotionalisiere Termine, Aufgaben, Gespräche und Meetings mit Zielbildern. So erhöhst du deinen Einsatz. So bekommst du bessere Ergebnisse. Sportler tun es regelmäßig und umfangreich. Eigne dir ein System an und arbeite mit mehr Struktur und System. Du hast alle Freiheiten im System, solange du ein Erfolgssystem verwendest.

Setze das Projekt Nr. 1 zuerst um

📖 Projekt definieren. Teil 1.

Aufgabe: Denk an deine wichtigen Ziele. Was sind die drei wichtigsten Projekte, die du jetzt am besten umsetzt, damit du die kurz- und langfristigen Ziele erreichst? Definiere diese Projekte und gehe dann ins Detail. Ein Projekt kann aus mehreren Schritten und Teilprojekten bestehen. Setze einen 12 Wochenrahmen samt den geplanten Schritten der Programme und setze diese dann Schritt für Schritt um.

❶ Meine 3 wichtigsten Projekte sind?

❷ Das wichtigste Projekt ist?

❸ Warum ist … das wichtigste Projekt?

❹ Stell dir vor, dass du dein wichtigstes Projekt umsetzt und somit einen großen Schritt zu deiner Zielerreichung setzt. Was würde das für dich bedeuten?

❺ To do:

Mein Projekt

Mit „mein Projekt" planst du die notwendigen Schritte hin zu deinen Zielen. Du schärfst dein Bewusstsein und lässt dich weniger ablenken. Gleichzeitig kannst du sehr kreativ in der Gestaltung sein und viele Möglichkeiten berücksichtigen. „mein Projekt" ist der Rahmen, dein System für die Umsetzung. Plane einzelne Schritte und setze sie um. Visualisiere deine Ziele und auch deinen Weg. Viele denken an das Ziel, vergessen aber den Weg. Vor allem die großen Zwischenziele zu visualisieren ist sehr wichtig. Denn damit erhöhst du deren Anziehungskraft.

Damit nutzt du mehr persönliche Ressourcen für die Umsetzung: Schneller, sicherer und tatsächlich Ziele in der geplanten Zeit zu erreichen, deine Firma zu verbessern und den nächsten Level zu erreichen. Durch mehr Transparenz in dem Umsetzungsprozess wird der Weg klarer und begehbarer. Handlungen werden bestimmter und nachdrücklicher gemacht. Du kommst leichter weg von Zufälligkeit, Verzetteln, Ablenkung, Orientierungs- oder Motivationslosigkeit.

Ziel ist es, dass du ganz konzentriert an der Realisierung deines Projektes arbeitest. Du planst, visualisierst, kontrollierst und realisierst. Deine Umsetzungs-, Erfolgs- und Misserfolgsstrategien sind Wegweiser für dich selbst. Die Kommunikation mit dem Unbewussten sorgt für zusätzliche Motivation. Die Wochenplanung ist der Leitfaden fürs Umsetzen. Interessant ist, du wählst immer dein eigenes Tempo.

📖 Projekt definieren. Teil 2.

Aufgabe: „mein Projekt" konkretisieren und ausformulieren.

❶ Was ist mein Wunsch (Formuliere den Wunsch positiv, sage nicht, was du nicht willst (neg. formuliert)?

❷ Ziel (Mache aus dem Wunsch ein Ziel, das konkret und messbar ist, mit Größenordnung, Zeitbezug, …)? Grundgedanke hinterfragen: Was möchtest du damit erreichen? Warum möchtest du das? Und warum das? Und aus welchem Grund das?

❸ Was passiert, wenn du „mein Projekt" nicht abschließt? Wie fühlst du dich dann? Wenn du weiterdenkst, welche negative Konsequenz könnte das haben?

❹ Was passiert, wenn du es erreichst? Wie fühlst du dich dann? Wenn du weiterdenkst, welche positive Konsequenz könnte das haben? Motivation fördern: Was kann dich dabei unterstützen? Motivation über Freude, Schmerz, Belohnung, ….:

❺ Plane die nächsten 9 Schritte. Zu jedem Punkt kläre die erforderliche Personen, Ressourcen, Verantwortung, Budget, von - bis, Stand.

❻ Stell dir bildhaft vor, wie du jetzt einen Schritt nach dem anderen umsetzt. Nimm die zusätzliche Energie auf, die mit jedem Schritt hinzukommt. Gehe einen Schritt nach dem anderen durch bis zum Ziel. Gratuliere dir nach jedem Schritt selbst, indem du laut „Ja, super!" zu dir sagst und klatsche 3 x in deine Hände.

❼ To do:

Vornehmen und tun mit der Absichtserklärung

Gewisse Denk- und Verhaltensweisen, Gewohnheiten können einfach verändert werden. Hindernde eliminieren, fördernde antrainieren ist das Motto. Mit der notwendigen Mindestanzahl an Wiederholungen wirst du neue Gewohnheiten festigen. Damit machst du einen gewaltigen persönlichen Sprung: Du trainierst dir nun mehr fördernde Gewohnheiten an, um dich weiterzuentwickeln. Das, was dich normaler Weise hindert, dir Energie raubt oder unangenehm ist, verändert sich und Neues entsteht. Damit setzt du noch mehr um, als du es bisher gewohnt warst. So kommst du leichter weg von unnützen Persönlichkeitsmustern, die dich daran hindern, das zu tun, was du machen willst.

Ziel ist es, das du ganz konzentriert an der Wiederholung der neuen Absicht trainierst. Das machst du so lange, bis die neue Gewohnheit gefestigt ist. Mit der Zeit wirst du automatisch den neuen Weg wählen. Du weißt, fast jeder fasst zu Silvester gute Vorsätze. Nun hast du ein System zur Hand, mit dem du solche Vorsätze realisieren kannst.

📖 Absichtserklärung definieren.

Aufgabe: Erstelle eine Absichtserklärung. In der Absichtserklärung gibt es noch den Bereich, Plan B, Erfolgskontrolle. Siehe dazu im Anhang, wo du hierzu mehr Informationen bekommen kannst.

❶ Absicht (zum Beispiel regelmäßig Sport, mehr Zeit für Familie, Entspannen, konsequenter sein, bestimmtes Verhalten bei Kunden, höhere Frequenz, Nein sagen, fixe stille h für mich, …)?

❷ Formuliere den Wunsch positiv (Negativ: Sag nicht, was du nicht willst). Formuliere nun aus dem Wunsch ein Ziel, das konkret und messbar ist (Größenordnung, Zeitpunkt, Dauer, …)?

❸ Welcher Grundgedanke steckt dahinter? Finde diesen heraus, indem du der Sache auf den Grund gehst: (a) Was möchtest du damit erreichen? (b) Warum möchtest du (a) erreichen? (c) Und warum ist (b) so wichtig? Danke sagen. Wofür war die alte Gewohnheit gut? - Es ist zwar makaber, aber es hatte einen guten Grund, warum du es gemacht hast. Lass es los, ohne mit Groll zurück zu blicken. Die Gewohnheit hat dich bis hierher gebracht, gehe nun den Weg neu.

❹ Was passiert, wenn du dich nicht veränderst? Wie fühlst du dich dann? Wenn du weiterdenkst, welche negative Konsequenz wird das haben? Was passiert, wenn du dich veränderst? Wie fühlst du dich dann? Wenn du weiterdenkst, welche positive Konsequenz könnte das haben?

❺ Motivation finden. Was kann dich unterstützen (Motivation Freude, Schmerz, Belohnung, …)? Controlling (Wann, wer, wie? Wie oft)?

❻ To do:

Erfolgswochenplan

Wenn du ein klares Ziel hast, dann wirst du Mittel und Wege finden, genau das zu tun, was du dir vornimmst. Wenn du dir darüber im Klaren bist, was im Augenblick geschieht, dann bestimmst du immer öfter, was als Nächstes passiert. Es geht nicht darum, die ganze Woche genau zu planen, sondern vielmehr darum, dass du Zeitfenster findest, in denen du etwas für dich selbst tust. Für deine Familie, Sport, Entspannung und Erholung. Stille Stunden zu finden, in denen du etwas für die Realisierung deiner Lebensvision tust. Diesen Zeitfenstern gibst du einen Rahmen. Wenn der Rahmen stark genug ist, kannst du diesen mit einem Bild deiner Vorstellung füllen. Du stärkst den Rahmen mit deinen Werten und Glaubenssätzen. Es ist wie das Stoßlüften in unseren Wohnungen. Damit verbessert sich die Qualität der Luft aber auch die Energiekosten werden optimiert.

Wenn du in ein Hamsterrad hinein willst, dann steig hinein. Aber „hamstere" nicht die ganze Zeit darin herum. Erhöhe nicht zwangsläufig die Zeit für Leistung. Auch zu viel Zeit für Entspannung ist kontraproduktiv, ebenso wenn du zur sehr in den Visionen verweilst. Es ist die Balance zwischen den 3 Wegen, zwischen den Bereichen und der Art und Weise wie du es und vor allem wann tust. Unsere Gewohnheiten und Vorlieben steuern uns ebenso wie unsere Zeit-, Ziel-, Energiediebe. Unser Hirn erzeugt Notwendigkeiten und verursacht Stress, weil wir zu sehr in unserem Denken der Bequemlichkeit oder den äußeren Reizen von außen nachgehen.

Vielleicht denkst du, das ist so etwas wie ein Wochenplan. Richtig, aber dieser Wochenplan wird um eine wesentliche Funktion erweitert: der Kommunikation mit dem Unbewussten. Das ist wiederum der Schlüssel zu einem effektiven Wochenplan.

📖 Erfolgswochenplan.

Aufgabe: Nimm dir einmal in der Woche Zeit und blicke auf die letzte Woche zurück. Nutze diesen Rückblick als Feedback und plane dann die nächste Woche.

❶ Resümee der letzten Woche (lernen & entwickeln):

❷ Welche Themen sind für den kurzfristigen und langfristigen Erfolg wichtig zu tun? Die wichtigsten Termine, Aufgaben sind?

❸ Ziel dieser Woche?

❹ Ich gebe acht auf (persönliche Engpässe, was könnte mich daran hindern?)?

❺ To do:

Betrachte deine Lebensbereiche und setze gezielt wöchentlich unterschiedliche Schwerpunkte. Wenn du in einem Bereich in letzter Zeit nichts oder sehr wenig gemacht hast, dann wird es Zeit, hier wieder etwas zu tun. Genau die Balance in den Lebensbereichen macht den Unterschied aus, zwischen langfristig erfolgreichen und glücklichen Menschen und den Anderen. Diese sind womöglich in einem Bereich kurz- oder mittelfristig erfolgreich. Durch die Vernachlässigung, in den anderen oder zumindest einem Bereich, tut sich hier eine Lücke auf. Diese Lücke lässt sich nur sehr schwer oder gar nicht mehr schließen. Das ist der Preis dafür. Und der kann oft sehr hoch sein.

BONUS: Einen Extrabaustein findest du im strategischen Seminarhandbuch. Hier erfährst du, wie du einfach den Erfolgswochenplan in das raffinierte Werkzeug „8 h Woche" erweiterst, was du dafür genau machen musst und warum dieses Werkzeug so wirkungsvoll ist. (siehe S. 229).

Meilensteine planen

Meilensteine üben eine ganz wichtige Funktion aus. Nutze Meilensteine als Zwischenziele. Hier kannst du dich erholen und Kraft tanken. Du kannst dich orientieren und neu ausrichten. Magnetisierte Meilensteine sind anziehend. Das ist gut, wenn das eigentliche Ziel sehr groß und noch weit entfernt ist. Einen Meilenstein zu erreichen können wir uns schon eher vorstellen. Er ist realistisch zu erreichen, da fällt einem die Motivation, zu handeln, schon leichter.

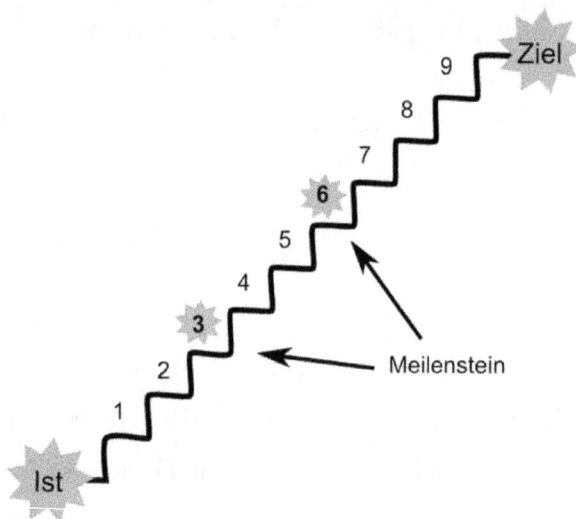

Abbildung 25: Meilensteine sind wichtig zur Orientierung

System zusammen bauen

So, jetzt sind wir auch schon an diesem Punkt angelangt. Gratuliere! Jetzt gilt es, das Ganze zusammen zu bauen. Damit es dir leichter fällt, dienen die folgenden Übersichten. So erkennst du gleich, welche Brücken du bauen kannst, welche notwendig sind, um zwischen den Systemen zu den Sachen und zu den Personen eine gute Beziehung aufzubauen.

Auf der Zeitachse verbindest du die kurz-, mittel-, und langfristigen Ziele. Mit der Zeit wirst du immer besser verstehen, wann du welches Werkzeug verwenden kannst. Welche für einen guten Start wichtig sind. Werkzeuge rund um das Ziel zur Zielerreichung. Und natürlich für den Weg, damit du eine ausgezeichnete Verbindung zwischen Leistung, Vision und Entspannung knüpfen kannst. Auf dem Weg werden Hindernisse, Stolpersteine und neue unbekannte Fallen auftauchen. Es werden bekannte Zeit-, Ziel-, Energiediebe lauern und neue hinzukommen.

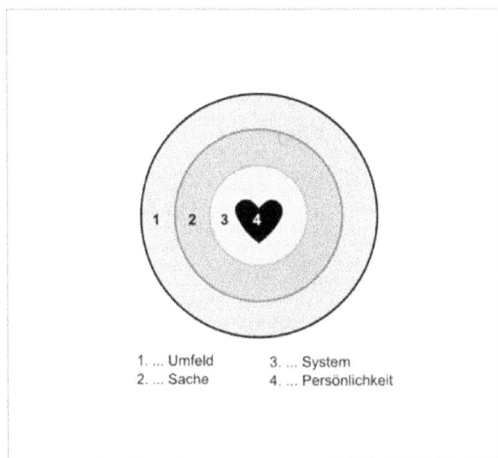

1. ... Umfeld
2. ... Sache
3. ... System
4. ... Persönlichkeit

Abbildung 26: Bau dir dein eigenes System

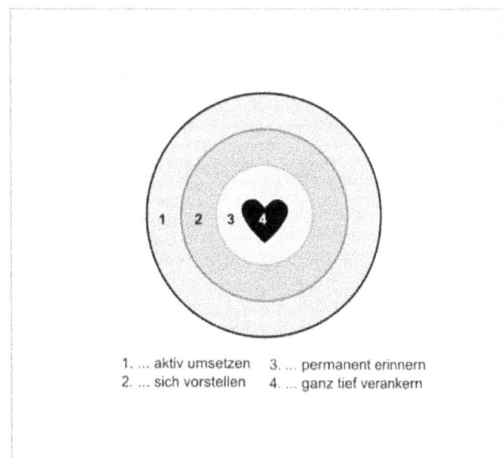

1. ... aktiv umsetzen
2. ... sich vorstellen
3. ... permanent erinnern
4. ... ganz tief verankern

Abbildung 27: Werkzeuge mit unbewussten Mechanismen

Für diese Herausforderung bekommst du Systemwerkzeuge, Sachwerkzeuge und Persönlichkeitswerkzeuge. Motivationstechniken, Fördermechanismen und Transportmittel werden die Reise vereinfachen oder gar ermöglichen. Der Schlüssel für Erfolg ist deine Kommunikationsfähigkeit vom Bewussten zum Unbewussten. Das Unbewusste ist Herz, dein Bewusstes Kopf. Im Konflikt gewinnt immer das Herz gegenüber dem Kopf. Wenn dein Herz nicht von etwas überzeugt ist, dann wird dein Unbewusstes nichts unternehmen. Ungesunde Glaubensätze, destruktive Zellerinnerungen und negative Bilder halten jeden Menschen auf, ohne dass er es „merkt".

Einige Werkzeuge (zum Beispiel PlusMinus Bilanz) kannst du auf allen Ebenen verwenden. Es sind sogenannte Universalwerkzeuge.

Werkzeuge Ist Analyse	Werkzeuge Ziele	Werkzeuge Weg, Strategie
(x) Jahresplanung	(x) Ziele definieren	(x) Projekt
(x) Quartalscheck	(x) Lebensfilm	(x) Absichtserklärung
(x) Budgetrechnung	(x) Vision und Leitbild	(x) Engpassanalyse
(x) 3D SWOT	(x) Metaziel	(x) Feedback
(x) PlusMinus Bilanz	(x) Sinn des Lebens	(x) Wochenplan
...	...	(x) 8 h Woche, ...

Werkzeuge für Engpässe

(x) ZZE

(x) Absichtserklärung

(x) 27 Fallen

(x) Plan B

(x) Erfolgskontrolle

(x) Controlling

(x) immaterielle Bilanz

(x) Schwungrad

Werkzeuge als Fördermittel

(x) 27 Motivationsmethoden

(x) Geschichtsbuch

(x) 7 Ebenenkräfte

(x) Walt Disney Methode

(x) Ressourcenteam

(x) Dreamteam

(x) Kooperationen

(x) Glaubenssätze

(x) ihr Aktivierungscode

Werkzeuge zur besseren Kommunikation des Bewussten und Unbewussten

(x) Visualisieren

(x) Trainieren

(x) Zustandsmanagement

(x) richtige Fragen

(x) Motivationsmethoden

(x) 3WegStrategie

(x) dein Aktivierungscode

(x) deine Persönlichkeitssprache

(x) negative + positive Konsequenz

(x) Bilder (ent)emotionalisieren

Werkzeuge zur Orientierung mit Überblick oder Details

(x) StrategieMap

(x) SystemMap

(x) Projekt

(x) Weitblick

(x) Meilensteine

(x) Quartalscheck

(x) PlusMinus Bilanz

(x) Entscheidung Kampf oder Erfolg

(x) Wochenplan, 8 h Woche

Du kannst einfach eine Brücke von einem Feld zum anderen aufbauen. Systeme dienen als Rahmen und Halt. Ein Rahmen wird mit einer Sache gefüllt: das willst du umsetzen. Die handelnden Personen, die überzeugt und begeistert sind, setzen am besten um. Das Umfeld ist der Ort, wo das Werkzeug einwirkt und einfließt. Wenn du einmal nicht vorankommst, dann sind Stolpersteine und Engpässe da. Löse diese und du kommst weiter. Damit es grundsätzlich leichter geht, benutze die Fördermittel. Für eine bessere Orientierung dienen diverse Werkzeuge. Damit weißt du, wo du stehst, wo du hin willst und wie du dort hinkommen wirst. Das klingt selbstverständlich, aber glaube mir, das ist es nicht immer. Manchmal ist es für das Bewusste klar, für das Unbewusste aber nicht. Oder umgekehrt. Das ist ja das abenteuerliche. Es kann sein, dass im Bewussten die Ziele klar sind, die Stolpersteine aber im Unbewussten liegen. So sehr du dich auch auf der bewussten Ebene bemühst, du wirst das Ziel nicht erreichen.

Damit Unbewusstes und Bewusstes vom Gleichen „reden", gibt es die Kommunikationshilfen. Diese übersetzen vom Bewussten zum Unbewussten und umgekehrt. Je besser du beide Sprachen beherrschst, desto positiver wird sich dieser Umstand auf die Umsetzung auswirken.

Das Prinzip von IZW ist einfach: 1. Schau genau hin, wo du stehst. Lege deine Ziele fest und überlege dir, welchen Weg du einschlagen wirst. Magnetisiere Ist, Weg und Ziel. Emotionalisiere System, Sache und Personen. 2. Bearbeite den Engpass, wenn es nicht weitergeht. Damit du leichter vorankommst, verwende Weg-, Kommunikationshilfen-, und Orientierungswerkzeuge. 3. Am Ziel angekommen erhole dich und genieße deinen Erfolg

Vergleiche ein herkömmliches Plansystem mit dem IZW Ansatz.

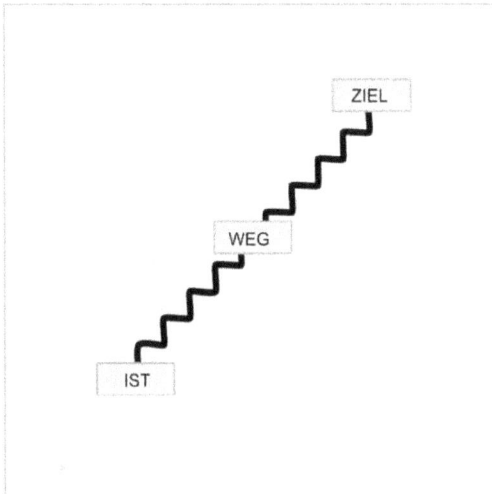

Abbildung 28: normale Systeme Ist-Ziel

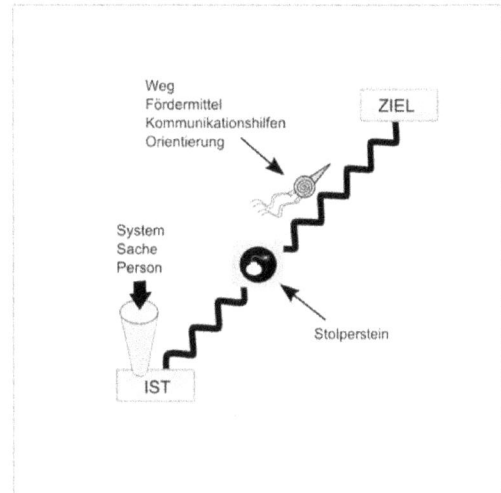

Abbildung 29: Vorteilssystem IZW Methode: Ist-Ziel-Weg

Der Engpasskompass

Mit einem Kompass kannst du ausloten, welcher Weg zu deinem Ziel führt. Die Anwendung ist an und für sich einfach zu verstehen. Wenn du auf dem richtigen Weg bist, dann gehe diesen Weg weiter. Wenn nicht, dann nicht. Nachdem du mit IZW eine Standortanalyse, deine Ziele und deinen Weg definiert hast, fängst du mit der Umsetzung an. Zum nächsten Controlling Termin checkst du, ob du auf Kurs bist oder nicht. Als Controlling Termine sind die strategische Quartalsplanung, Jahresplanung, Meilensteintermine, Projekttermine angebracht zu nutzen. Mit einer PlusMinus Bilanz oder einem strategischen Quartalscheck samt Erfolgsanalyse erkennst du, ob du auf Kurs bist oder nicht. Wenn nicht, dann verwende den Kompass um den größten Engpass bzw. Stolperstein aufzuspüren. Gehe diesen Weg, löse den Engpass, passe dein IZW System an und setze dann deinen Weg fort. Bei dem nächsten

Controlling Termin überprüfst du wieder deinen Standort. So führen dich das System und der Kompass bis zum Ziel.

Im Zuge der Umsetzung können neue unbekannte Einflüsse von außen und innen auftauchen. Es entstehen vielleicht neue Blickwinkel und der blinde Fleck bleibt beharrlich da. Es könnte sein, dass dein persönlicher (Zeit-, Energie-, Denk-) Einsatz zu groß oder zu klein war, dass die Kundenfrequenz nicht gepasst hat. Vielleicht hast du nicht das Richtige gemacht. Es könnten auch die Annahmen falsch sein oder das Energieniveau zu niedrig. Abweichungen wird es meistens geben. Definiere für deine Ziele einen Toleranzbereich, in dem die Abweichungen akzeptabel sind. Sei es hinsichtlich der Zeit, der Qualität, den Kosten, den Umsatzerwartungen oder auch der Ergebnisse bzw. der Frequenz des Umsetzens. Wenn die Abweichung innerhalb des Toleranzbereiches ist, dann mach weiter und beobachte die weitere Umsetzung. Nicht immer muss Alles perfekt sein. Die Richtung soll stimmen, es kann durchaus etwas mühsamer sein, als erwartet. Trotzdem, sei wachsam, je länger etwas geht, desto mehr machen sich auch kleine Abweichungen bemerkbar. Diese können in Summe dazu führen, dass du nicht ans Ziel kommst, obwohl es sich immer wieder nur um kleine Abweichungen gehandelt hat.

Wenn es nicht so läuft, ist es nicht immer erforderlich, das ganze Rad auszutauschen. Finde das richtige Rad, an dem du drehen musst und adjustiere es ein wenig. Wenn du nicht so weit gekommen bist, wie erwartet, dann schau dir diese Bereiche genauer an und finde den größten Engpass:

.1. Annahmen: Glaubenssätze, Überzeugungen, Fähigkeiten, Umfeld, ...

.2. Ziele: kurz- langfristige, Vision, Mission, Leitbild, Metaziel, ...

.3. System, Sache, Person: 8 h Woche, Projekt, Absichtserklärung, ...

.4. Weg: Feedback, 3WegStrategie, SWOT, Frequenz, …

.5. Stolpersteine: ZZE, Plan B, Erfolgskontrolle, immaterielle Bilanz, Schwungrad

.6. Fördermittel: Motivationsmethoden, Ressourcenteam, Dreamteam, …

.7. Kommunikationshilfen: Zustandsmanagement, Persönlichkeitssprache, …

.8. Orientierung: StrategieMap, SystemMap, …

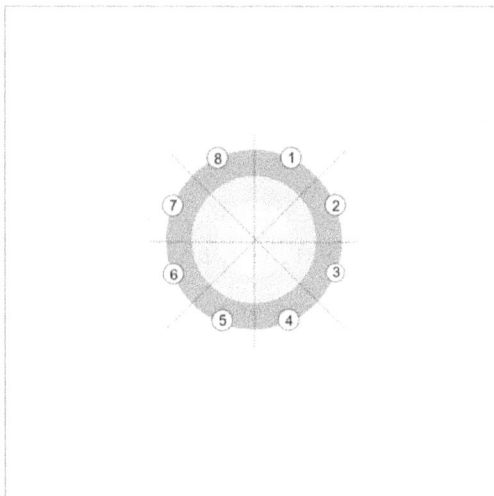

Abbildung 30: Erfolgsrad   Abbildung 31: Erfolgspendel

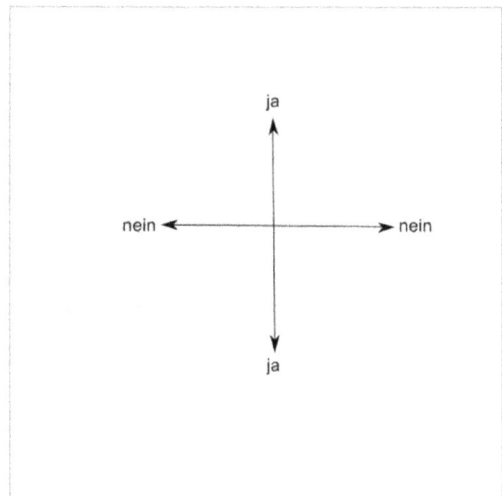

Um deinen Engpass zu finden, kannst du diesen Kompass auch mit einem Pendel oder mit der Würfelmethode ausrichten. Beide Methoden sprechen das Unbewusste an und sind oft viel bessere Entscheidungshilfen, als vernunftorientierte. Mit dem Pendel kannst du zum Beispiel die einzelnen Bereiche hinterfragen, ob es hier etwas zu verändern gilt, oder nicht. Ein Pendel kannst du dir einfach mit einen Faden, einem Gegenstand am unteren Ende des Fadens befestigt, herstellen. Dann halte das Pendel in der Mitte des Entscheidungsweisers und frage dich: „Gibt es in dem Bereich ... etwas, das ich verändern muss?" Nun warte ab, ob sich das Pendel nach oben und unten bewegt, oder nach links und rechts. Unser Unbewusstes gibt uns einen Hinweis, indem es die Finger ganz unmerklich steuert und die Bewegung in die richtige Richtung geht.

Wenn du die vernunftorientierte Analyse machst, dann stell dir jeweils emotionale und gefühlsbetonte Fragen:

- Wenn du in diesem Bereich alles gleich bleiben lässt, ist das dann ok?
- Stell dir die negative Konsequenz des Belassens vor: wird das deinen Weg nicht behindern?
- Stell dir die positive Konsequenz des Belassens vor: wird dich das zum Ziel führen?
- Wenn du in diesem Bereich etwas veränderst, ist das dann besser für deinen Weg?
- Stell dir die negative Konsequenz der Veränderung vor: wird das deinen Weg nicht behindern?
- Stell dir die positive Konsequenz der Veränderung vor: wird dich das zum Ziel führen?

Tag 6: controlle!

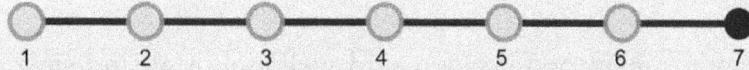

Die EKS beschäftigt sich seit Jahren mit dem Phänomen des Engpasses und bietet zahlreiche Studien, Schriften, Bücher und Erfolgsgeschichten zu diesem Thema an. Der Grundgedanke ist einfach: Setze dort den Hebel an, wo die größte Wirkung erzielt werden kann.

Die Engpassanalyse ist Teil eines effektiven Controllings. Controlling hat natürlich auch etwas mit Kontrolle zu tun. Wenn Kontrolle als Feedback verstanden wird, dann erkennst du Abweichungen und kannst daraus lernen. Nutze die Kraft von Feedback, sei es, dass du auf dein eigenes Feedback hörst, oder dir von anderen Menschen helfen lässt.

In diesem Kapitel baust du dir ein wirkungsvolles Controlling System zusammen, erfolgreiche Menschen machen es auch so. Die Definition von erfolgreich ist stets dir überlassen. Verstehe es vielleicht so: Wenn du dein Ziele erreicht hast, dann bist du erfolgreich.

Tagesziel: **Effektives Controlling System erstellen.**

Johann Fischler

Über Träume, Ziele, den Alltag und "jetzt DU it". Ziele begleiten unseren Alltag. Mal setzen wir sie im privaten Bereich, mal werden sie uns von Vorgesetzten aufs Auge gedrückt, mal sind sie klein, mal riesengroß, und viel zu oft bleiben sie unerreichbar fern.

Die Gründe für unser Versagen sind vielfältig. Mal sind sie zu abstrakt, mal fordern sie uns nicht, mal sind sie viel zu hoch gegriffen. Manche Ziele wollen wir auch gar nicht erreichen. In Utopien, Visionen und Traumwelten entfliehen wir dem Alltag, träumen von Reichtum oder dem Ruhm im Rampenlicht, ohne uns wirkliche Gedanken über Teil- und Endziele zu machen. Unrealistische Konzernziele, die auf den einzelnen Mitarbeiter heruntergebrochen werden, führen nicht selten zu stillschweigender, kollektiver Verweigerungshaltung. Doch den Zielen die alleinige Schuld zu geben, wäre zu einfach. Viele erstrebenswerte Ziele bleiben unerreicht, weil wir sie aus den Augen verlieren, Zeit und Energie nicht zielgerichtet investieren oder zu wenig davon haben, weil der Alltag unsere volle Aufmerksamkeit fordert. Besser gesagt, zu fordern scheint – gerne schieben wir unproduktive, aber bequeme Routine vor, um uns dafür zu rechtfertigen, nicht "auch noch an Ziele" denken zu können.

Markus Robinigg setzt hier an und gibt Ihnen mit "jetzt DU it" ein praxisbewährtes Programm in die Hand, das Zielfindung und Zielerreichung in den Mittelpunkt Ihres TUNS stellt. Mit seinen Instrumentarien bleibt das Ziel so lange im Fokus Ihrer Aufmerksamkeit, bis es tatsächlich erreicht ist. "jetzt DU it" gibt Ihnen den nötigen "Push" als Begleiter und Impulsgeber. Ich wünsche Ihnen, gute Ziele zu finden, diese niemals aus den Augen zu verlieren und durch Ihr konkretes TUN zu erreichen. Ich bin mir sicher, dass Sie all das mit "jetzt DU it" schaffen werden. Alles Gute!

Ihr Johann Fischler

Controlling der Zielerfüllung

Eine der größten Herausforderungen für einen Unternehmer ist es, eine Balance zwischen dem operativem Tagesgeschäft und der strategischen Langzeitentwicklung aufrecht zu halten. Das Tagesgeschäft ist bedingt durch seine Kurzfristigkeit immer wichtig, aber vor allem auch dringend. Durch diese Beziehung zwischen wichtig und dringend beeinflusst es unser Unbewusstes, sich darum zu kümmern. Wir leben in einem Netzwerk der Emotionen, Energien und Beziehungen. Das Universum ist überall, darum wirkt es auch immer und überall auf uns ein. Das Leben ist Bewegung und Veränderung. Wir können nicht immer im Gleichgewicht sein, sehr wohl aber können wir Ungleichgewichte wieder ausgleichen. Hier ist das Motto: „Nicht abwarten bis es zu spät ist!" Habe stets ein Auge auf die 4 Perspektiven und gleiche die größten Ungleichgewichte aus.

Finde die Balance in den folgenden 4 Perspektiven:

- **Lifebalance:** Privat, Familie, Fitness, Ausgleich, Entspannung, Erholung, …

- **Im Betrieb:** Mitarbeiter, Organisation, Beziehung zu Lieferanten, Lager, Produktions- und Lieferkette, …

- **Am Betrieb:** Strategie + Planung, Kontrollsystem, Einzigartigkeit, Marketing, Kundenbedürfnisse, Betriebsnachfolge, gesellschaftliche Verpflichtung, …

- **Betriebserfolg:** Finanzen, Geschäftserfolg, Liquidität, Kalkulationen, Rentabilität, Vermögensaufbau, …

Finde eine Balance zwischen Tagesgeschäft und strategischen Zielen:

- **Tages-, Wochenplan:** Plane die Wochen und jeden Tag. Kontrolliere die letzte Woche und den gestrigen Tag. Plane eine stille Stunde ein, in der du gezielt und in Ruhe arbeitest und eine Power Hour, in der du aktiv Akquise betreibst, eine strategische Stunde, in der du an deiner Strategie und am Unternehmen arbeitest. Gerade die strategische Tätigkeit scheint oft vernachlässigbar, dabei ist sie immens wichtig. Um sie im täglichen Geschäft nicht aus den Augen zu verlieren, denke an die Konsequenzen deiner Ignoranz.

- **Monats-, Quartalsplan:** Plane am Monatsende den nächsten Monat. Betrachte ¼jährlich das letzte Quartal und plane das nächste Quartal.

- **Jahresplanung:** in der Jahresplanung geht es darum, das Unternehmen wieder auszurichten und alle wesentlichen Punkte und Themen wieder neu zu hinterfragen.

Ob du auf Kurs bist oder nicht, merkst du, wenn du über den Zielerreichungsgrad nachdenkst. Überprüfe Zahlen, Ziele, Visionen, Werte und deine Strategie. Somit kannst du gegebenenfalls Abweichungen korrigieren. Je nachdem wie es läuft, kannst du auch dein Motivationssystem verbessern. Freude und Schmerz sind die größten Motivationsknöpfe. Diese kannst du selbst drücken. Jeder Mensch hat eine eigene Persönlichkeit. Viele geben zu früh auf oder haben vielleicht zu hohe Ziele. Die Einflüsse von außen (und von dir selbst!) waren stärker als erwartet. Sei konsequent und diszipliniert in der Umsetzung, eigne dir konstruktive Gewohnheiten an.

> **BONUS:** Ein Extrapaket findest du im strategischen Seminarhandbuch. Hier bekommst du einen ganzen Bausatz für eine Budgetplanung: Erfolgs- und Finanzplan, worst-realistic-best Case. Hier erfährst du auch das Geheimnis der worst-Case Planung und wie du einfach ein geniales Frühwarnsystem aufbauen kannst. (siehe S. 229).

Welche Gewohnheiten musst du dir unbedingt angewöhnen?

Wenn du ein Ziel misst, dann kannst du den Grad der Zielerreichung auch so bewerten: Mit einer Skala von 1 (am Anfang oder ganz weit weg) bis 10 (Ziel erreicht). Wenn du auf 6 stehst, dann frage dich: Was muss ich machen, damit ich auf 7 komme? Eine Veränderung um 1 ist ein „kleiner" Schritt. Kleine Schritte sind immer machbar. So kannst du dich bis auf 10 hocharbeiten!

Verkrampfe dich nicht, wenn du das Ziel nicht sofort erreichst. Auch nicht, wenn du scheinbar immer weiter weg triftest. Entspanne dich und lasse gegebenenfalls auch vom Ziel los. Wenn du ein Ziel zu sehr fixierst, ist das produktiv? Woran wirst du das merken? Wenn es dein bewusstes Dasein zu sehr beschäftigt! Wenn du nicht mehr ruhig schlafen kannst. Deine Lifebalance völlig außer Acht lässt. Irgendwelche materiellen oder immateriellen Ressourcen überstrapaziert werden. Auch wenn du es selbst nicht misst, dein Unbewusstes macht dich darauf aufmerksam.

Verändere den eingeschlagenen Weg oder lass vom Ziel ab. Entspanne dich und deinen Geist. Gewinne Abstand. Mit der Zeit entstressen sich diese Fixierungen, das heißt sie werden emotionsloser. Wenn das der Fall ist, dann ist es gut. Wenn nicht, dann entemotionalisiere aktiv dieses Zielbild. Zu viel Stress kann gefährlich werden. Wenn du zu sehr gestresst bist, dann ist dein Immunsystem nicht mehr aktiv dabei, die Selbstheilungskräfte zu nutzen. Du befindest dich in einem Kampf-, Fluchtmodus, Angstzustand, in einem Sinn- oder Hoffnungslosigkeitsmodus, der alle deine Aufmerksamkeit beansprucht. Die unbewussten Steuerungsmechanismen mobilisieren Muskeln, Adrenalin wird ununterbrochen ausgeschüttet und der Körper stoppt mit der Selbstheilung. Das geht schließlich soweit, bis das Immunsystem am schwächsten Punkt des Körpers nicht mehr ausreichend arbeitet und eine psychische und oder physische Krankheit ausbricht. Im Buch „the healing Code", von Alex Loyd und Ben Johnsen, werden Studien angeführt, in denen erwiesen wird, dass über 90% unserer Krankheiten auf Stress zurück zu führen sind. Stress, der durch die falsche Bewertung einer Situation selbst verursacht wird!

Alles was sich außen abspielt, nehmen wir über unsere Sinne wahr. Es werden Informationen gefiltert und dabei werden gewisse Dinge generalisiert, verzerrt oder getilgt. Das passiert aber alles unbewusst. Die gefilterte Information wird nun bewertet und selektiert: Ist es gut oder schlecht für dich? Dann bewertest du weiter: Ist es lös- und machbar oder nicht? Je nachdem, welche Antworten du dir gibst, erzeugt das ein unterschiedliches Stressniveau. Je länger dieses Stressniveau andauert, umso chronischer können die Auswirkungen sein.

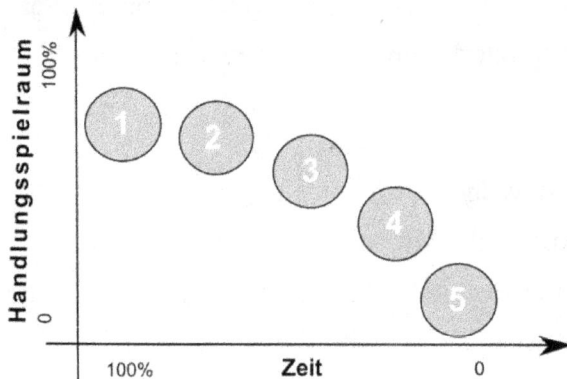

.1. strategische Krise
.2. Umsatz, Struktur, rationale Krise
.3. Ertrag, Kosten, Auslastung, systeminterne Krise
.4. Liquidität, Restrukturierung, emotionale Krise
.5. Insolvenz und Fremdsteuerung

Abbildung 32: Handlungsspielraum Sanierung

Je weiter rechts man sich auf der Zeitskala befindet, desto mehr Energie muss man aufbringen, um wieder raus zu kommen. Die aufgewendete Energie steht dann aber nicht für das eigentliche Geschäft zur Verfügung. Dem

Energieräuber wird Zeit und Motivation zur Verfügung gestellt. Man hat also weniger Zeit zur Verfügung, und die, die einem noch bleibt, wird durch den niedrigeren Energielevel nicht effektiv oder gar nicht genutzt. Man befindet sich in einem gestressten Zustand. Das lähmt und hemmt. Stress hindert das Immunsystem seine Arbeit ordentlich zu machen. Der Selbstheilungsprozess ist unterbrochen, Krankheiten kommen hinzu. Das bewusste Denken wird ausgeschaltet, das Unbewusste hat immer mehr die Kontrolle. Flucht- und Kampfmodus prägen den Alltag. Und das wirkt sich natürlich auf Alles aus, das uns in die Quere kommt. Die Aufmerksamkeit liegt auf den falschen Dingen.

Eine große Herausforderung für Unternehmer ist es, die Zeichen der Zeit „zeitgerecht" zu lesen. Die Auswirkungen einer kleinen Ursache können da oft größer sein, als man es im Augenblick noch meinen würde. Der Faktor Zeit wird vielfach unterschätzt. Wann merkt man, in welcher Stufe man ist? Meistens danach. Wenn die Zahlen der Buchhaltung nicht unmittelbar schon am 5. des Folgemonats zur Verfügung stehen, dann sind sie alt. Je älter die Informationen, umso weniger aktuellen Bezug hat diese Auswertung. Aber gerade in dieser Zeit ist es wichtig, sich über den vergangenen Zeitraum Gedanken zu machen. Das ist Feedback. Dieses wird oft nicht genutzt.

Gefahr ist Gefahr, ob eingebildet, selbst- oder fremdverursacht. Das Unbewusste arbeitet in jedem Fall 24 Stunden. Darum sind Systeme so wichtig, darum ist die Kommunikation mit dem Unbewussten so wichtig. Wir werden täglich ununterbrochen mit „wichtiger" Information konfrontiert: Jemand hat ein Problem, wir beschäftigen uns damit; Die Zeitungen schreiben über etwas, also machen wir etwas; Das Finanzamt will das, also machen wir das. Unsere Aufmerksamkeit wird auf scheinbar „wichtige" und „gefährliche" Spuren gebracht. Also frage ich dich: wenn du deinem Unbewussten nicht regelmäßig sagst, was zu tun ist, was wird es dann tun?

Fehler selbst zu erkennen, ist oft sehr schwierig: Hoffnung und Ausreden (warum das anvisierte Ziel abweicht) verbessern (verzerren!) das Bild und produzieren ein Weltbild, das für einen selbst wahr erscheint, tatsächlich aber einen falschen Eindruck hinterlässt.

Bau dir dein eigenes Frühwarnsystem, damit du rechtzeitig Hinweise dafür hast, ob du auf Kurs bist oder nicht. Früherkennen heißt, zukünftige Auswirkungen besser abschätzen zu können. Hier geht es auch um immaterielle Werte. Die Zahlen in der Buchhaltung sind das Ergebnis deines Tuns. Sie wirken sich entsprechend aus. Die Ursachen der Zahlen in der Buchhaltung liegen in sogenannten immateriellen Werten. Die Zahlen der Buchhaltung werden schon gestern und vorgestern verursacht. Ein gutes Frühwarnsystem kann eine Veränderung der immateriellen Werte schon frühzeitig erkennen. So kann man auch die Entwicklung der Lebensqualität voraussagen. Man spürt Engpässe auf, bevor diese großen Schaden anrichten. So ist man in schwierigeren Zeiten gelassener. Man filtert quasi unnötige Sorgenviren frühzeitig heraus. Jede Aktion kann die Auswirkungen verändern. Ist es nicht gut zu wissen, wenn die Auswirkungen noch beeinflussbar sind und sich tatsächlich negativ auf das Unternehmen auswirken könnten?

Es gibt die Geschichte von einem Mann, der jahrelang sehr erfolgreich sein Geschäft geführt hat. Der Mann ist blind, trotzdem führt er sein Geschäft selbst. Er betreibt eine Würstelbude mit selbst gemachten Würsten. Die Leute stehen Schlange und reisen von weit her. Eines Tages kommt sein Sohn, und sagt zum ihm:" Vater, ich habe schon wieder gelesen, dass schwere Zeiten auf uns zukommen. Wir müssen sparen. Die Leute werden weniger kaufen." Gut, dachte sich der Vater, wenn das in den Zeitungen steht, dann wird es wohl stimmen. Ich glaube es zwar nicht, aber mein Sohn hat es schon öfters gelesen. Da muss man aufpassen. Und so kauft er nicht mehr das beste Fleisch für seine Würste, sondern mischt minderwertigeres hinzu. Nach einiger Zeit stellt er fest, dass weniger Leute kommen. Daraufhin nimmt er nur noch minderwertigeres Fleisch, denn da kann er sich eine Menge Geld sparen, so sein Gedanke. Nach ein paar Wochen kommen nur noch wenige Menschen zu ihm. Er ist davon überzeugt, die Wahrheit zu kennen: Die Krise, sie ist schon da! Er kauft von nun an Fertigprodukte, die sind so billig, da spart er sich noch mehr ein. Es dauert nicht lange und es kommt kein Mensch mehr. Ja, sagt sich der Vater, die Zeitung hat es prophezeit, die Krise ist da.

Natürlich, in Krisenzeiten verhält sich alles anders. Da ist nicht mehr alles selbstverständlich, die Menschen verhalten sich entsprechend anders. Sie müssen sparen und können sich nicht mehr alles leisten. Aber, hätte der Vater ein Frühwarnsystem installiert, dann hätte er sich anders verhalten können. Er hätte die Leute fragen können, wie zufrieden sie mit der Qualität sind. Sie hätten es ihm gesagt, ganz bestimmt. Er hätte die Menschen vergleichen lassen können, zwischen der alten und der neuen Sorte. Wofür hätten sie mehr Begeisterung gezeigt?

Ich habe festgestellt, wenn man die Menschen fragt, dann geben sie einem gerne Auskunft. Nur, diese Informationen darf ich dann nicht mit meiner eigenen Überzeugung und Zielhoffnung vermischen. Das Feedback muss ich ohne eigene Bewertung wahrnehmen. Es ist wichtig, die Entwicklung immaterieller Werte zu verfolgen. Engpässe können rechtzeitig erkannt und vermieden werden. Ein Engpass verursacht gewisse Spannungen. Dadurch wird auch Stress verursacht. Zu der Bewertung kann man auch Spannungs- oder Stressbilanz sagen. Eine solche Spannungsbilanz kannst du selbst zusammenstellen. Dass ist wichtig, denn damit kannst du deine Entwicklung bewerten. Wähle für deine persönliche Spannungsbilanz relevante Parameter aus. Erfolgstreiber und Erfolgsengpässe gilt es zu finden. Engpässe die hindern, Treiber die deine Entwicklung und Wachstum fördern.

QuartalsCheck und Glücksindex

Im Quartalscheck überprüfst du deine aktuelle Lage. Du schaust auf das letzte Quartal zurück und blickst nach vorne zum nächsten. Checke und lege fest: a) Strategie, b) Ergebniszahlen, c) Lebensqualität.

Strategie: Mit der PlusMinus Bilanz kannst du sehr schnell die Lage überprüfen. Hier stellst du dir wichtige Fragen auf dem Weg zum Ziel: Was ist gut gelaufen, was nicht? Was kannst du daraus lernen? Hast du dich weiterentwickelt? Welche neuen Einflüsse gibt es? Welche Möglichkeiten, Chancen, Risiken ergeben sich in der unmittelbaren Zukunft?

Ergebniszahlen: Mache einen Soll / Ist Vergleich anhand der tatsächlichen Geschäftszahlen und der immateriellen Bilanz. Vergleiche wo du stehst und stehen solltest. Miss und bewerte Abweichungen. Mache eine Hochrechnung und leite Maßnahmen für das nächste Quartal ab.

Lebensqualität: Betrachte deine Life-Balance. Wie hast du dich in den 4 Bereichen entwickelt? Was hast du dir im privaten Bereich vorgenommen? Was hast du erreicht? Wie steht es finanziell? Wie bewertest du deinen beruflichen Erfolg? Was sagst du zu dem Bereich Gesundheit? Bewerte die 4 Bereiche mit 1 (schlecht) bis 10 (super). Vergleiche die Entwicklung und ziehe deine Schlüsse daraus. Bereiche, in denen du nachlässig warst, haben nun wieder großes Potential. Mach in diesen Bereichen mehr. Bedenke, je länger du in einem Bereich nichts machst, desto länger brauchst du auch wieder, um hier die Lage zu verbessern.

In der Betriebswirtschaft gibt es den Begriff der Abschreibung. Dieser drückt etwa aus, dass Gebäude und Maschinen einem Verschleiß, den Witterungsbedingungen und anderen abwertenden Einflüssen von außen und innen unterliegen. Mit der Zeit sind sie weniger wert. Je länger die Güter in Gebrauch sind, desto größer die Abschreibung. Sie gleicht auch einer Inflation. Wenn du 1999 einen Computer gekauft hast, dann läuft der 2014 wahrscheinlich gar nicht mehr. Oder du kannst ihn nicht mehr benutzen, weil die neuen Programme, die Anschlüsse nicht mehr dazu passen. Auch in einer Beziehung verändert sich laufend was. Dein Partner „bleibt" auch nicht stehen und entwickelt sich weiter. Die Frage ist nur, ob sich beide in die gleiche Richtung entwickeln? Wenn du hier laufend Aktivitäten setzt, die wirklich beiderseitige Interessen berücksichtigen, dann schaffst du eine gemeinsame Zukunft. Das kann aber auch sehr anstrengend sein, natürlich. Es sind hier vor allem emotionale Faktoren im Spiel. Es geht oft gar nicht um die Sache an sich, sondern ums Prinzip. Also um die Persönlichkeit.

Wenn du dir die 4 Bereiche und deren Unterpunkte anschaust, dann wirst du merken, dass du dich hier unterschiedlich entwickelst. In einem Bereich hast du viel erreicht, in einem Nichts - hier ist es gleich geblieben, dort hast du dich rückwärts entwickelt. Jammern hilft nichts. Nimm das Feedback und arbeite an deiner Zukunft. Genieße die Gegenwart und den Augenblick. Halte dir das große Glücksziel vor Augen: mehr positive Momente und Gedanken, als negative. Deinen Lebensqualitäts- und Glücksindex kannst du mit einer Bewertung der einzelnen Bereiche erstellen und entwickeln (Skala von 1 bis 10).

Wenn du etwas verändern willst, zum Beispiel in der zwischenmenschlichen Beziehung, dann gibt es viele Faktoren, die darauf Einfluss nehmen. Gefühle spielen hier eine sehr wichtige Rolle. Die Ursachen-Wirkungszusammenhänge sind rational erfasste Abstrakte. Diese können Gefühle, Zustände, emotionale Einflüsse, Motivationen oder Persönlichkeitsidentitäten nicht erfassen. Das ist zu komplex. So kann auch nicht einfach gesagt werden, du brauchst nur das zu machen, dann bekommst du das. Dann reagiert die andere Person genauso. So funktioniert das nicht. Du kannst durch laufende Aktivitäten (dazu gehört auch einmal bewusst nichts machen) und deiner Aufmerksamkeit dafür, Bewegung und Schwung (oder Ruhe) in einen Bereich bringen, der diesen positiv gestaltet. Je mehr Empathie du auch für die andere Person entwickelst, umso mehr kannst du hier erreichen. Geduld und Zeit gehören dazu.

Feedback und Unterstützung von außen

Wer sich verirrt, kommt nicht an. Wer Abweichungen rechtzeitig bemerkt, kann früher umdrehen. Wer früher umdreht, spart Zeit, Geld und Nerven. Feedback ist ein Wegweiser. Ein Wegweiser ist ein Kompass. Er dient zur Orientierung. Die Ergebniszahlen der Buchhaltung spiegeln die Zahlen der Vergangenheit wieder. Die immaterielle Bilanz gibt schon früher Hinweise, wie sich die Zukunft prognostizieren lässt. Die beiden Systeme können durch Lern- und Entwicklungssessions mit Kunden, Mitarbeitern, Mentoren und wichtigen Ansprechpartnern optimiert werden. So können Trends und neue Bedürfnisse erfragt und auch geweckt werden.

Führe solche strategischen Gespräche regelmäßig und ergänze sie schwerpunktmäßig (zB durch Kundenbefragungen, Gespräche mit Mitarbeitern und Geschäftspartnern, …). Wähle dafür Personen aus, die du gut kennst, die offen und kritisch sind, oder auch visionär denken können. Überlege, welche Brille diese Person in diesem Gespräch am besten auf haben sollte. Eine Person kann sich auch 3 Brillen aufsetzen. Du wirst überrascht sein, wie viel Information du in so einem Gespräch erhältst. Die Person wird sich auch darüber freuen, wenn sie dir weiterhelfen kann. Sie fühlt sich geehrt und geschätzt. Vereinbare Termine, frage, ob sie etwas Zeit für dich hat und los geht es.

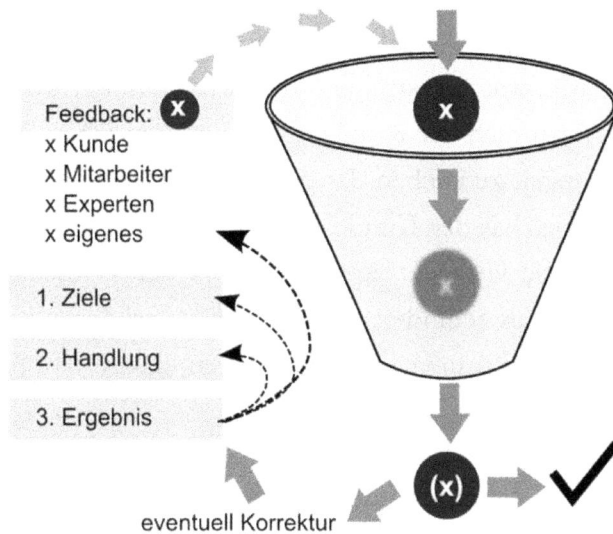

Abbildung 33: Feedback und Unterstützung von außen

Definiere zunächst einmal ein wichtiges Thema (perspektivenbezogen), bei dem du dich entscheidend weiterentwickeln willst. Unterscheide zwischen einer einmalige Aktion (diese kann durchaus aus mehreren Schritten bestehen) und mehrmaligen Treffen. Für gewisse Bereiche ist es sinnvoll, wenn du dieselbe Person öfters befragst. Das dient auch als Kontrollfunktion. Für Produktentwicklung am besten 3 Termine ausmachen. Den ersten, um zu hinterfragen. Den zweiten um eine Lösung zu präsentieren. Und den dritten, um zu verkaufen ☺

Tipp: Nimm das Feedback nicht zu persönlich. Es ist ein Blick von außen für eine bestimmte Sache oder für ein Verhalten, wofür du das Feedback bekommen hast. Belaste deswegen aber nicht unnötiger Weise dein Selbstbewusstsein. Zweifle nicht an deinem Wert. Feedback ist Information, ob du auf dem richtigen Weg bist, oder nicht. Es macht dich nicht besser oder gar schlechter.

Du kennst womöglich das Spiel „blinde Kuh". Dir werden die Augen verbunden und du kannst mit Hilfe einer Person etwas entdecken. Die Person gibt dir dabei wertvolles Feedback: warm, kalt, warm, warm, warm, ja – hier ist es. Mit der richtigen Vorgehensweise und Fragetechnik führt dich der Kunde dorthin, wo du hin willst. Es geht nicht immer darum, nach Lösungen zu suchen. Es geht heutzutage auch darum, neue Bedürfnisse zu wecken. Lösungen hat der Kunde schon oft gefunden, bevor er zu dir kommt. Es kann sein, dass diese vielleicht zu teuer waren, der Zeitbedarf zu groß war, oder was auch immer ihn daran gehindert hat, die Lösung schon zu haben. Aber, neue Bedürfnisse zu wecken, neue Lösungen zu präsentieren, das ist Etwas, für das es sich lohnt, Feedback einzuholen.

Die Schritte sind im Grunde genommen einfach. Fragen - optimieren - testen - optimieren - testen - verkaufen - argumentieren - leisten - bezahlen lassen - Danke sagen - servicieren - cross selling - …

Durch die Integration dieser Schritte in den laufenden strategischen Prozess, entwickeln sich automatisch interessante Lernschleifen. Es ist sinnvoll, wenn du Lernschleifen für die Entwicklung deiner Persönlichkeit, der Systeme und der Sachen hast. So kannst du dich wirkungsvoll zielorientiert weiterentwickeln. Du lernst hier oft viel mehr, als wenn du alles selbst herausfinden musst. Über kurz oder lang wirst du es sowieso herausfinden. Die Frage ist nur, wann. Wie. Und wie hoch der Preis dafür ist. Im Zuge der PlusMinus Bilanz oder des strategischen Quartalschecks hast du interne Feedbackmechanismen integriert. Damit kannst du schon ausgezeichnet deine Lernkurve verbessern. Wenn du auch noch externe Informationen integrierst, dann steigerst du die Erfolgsaussichten außerordentlich.

Plus Minus Bilanz

Mit der PlusMinus Bilanz betrachtest du einen Zeitraum, ein Projekt oder eine Aktivität in der Vergangenheit mit dem Zweck, daraus etwas zu lernen. Nimm ein Thema aus Gesundheit, Finanzen, Privat und Beruf heraus. So transferierst du die Erkenntnisse in die Zukunft und startest den Lern- und Entwicklungsprozess auf der System-, Sach- und Persönlichkeitsebene. Du reflektierst dein bisheriges Tun und Nichttun und bringst neuen Schwung in die Umsetzung. Ziel ist es, die Zukunft besser gestalten zu können, mehr Klarheit über das tägliche Tun zu erhalten, Erkenntnisse zu gewinnen, wie du Schritt für Schritt besser werden kannst, die Wahrnehmung zu verschärfen, um Entscheidungen sicherer zu treffen, das Selbstbewusstsein durch positive Erkenntnisse zu stärken und „negative" Erlebnisse als Feedback zu betrachten.

📖 PlusMinus Bilanz.

Aufgabe: Lege in den Fokus die Sache, wo du Erkenntnisse gewinnen möchtest. Betrachte ein Projekt, ein Ziel, eine Sache, ein System oder auch die Beziehung zu einer Person. Untersuche etwas Ganzes oder einen Teil davon. Überlege dir, wo du jetzt stehst und was die Konsequenz der Bilanz für die Zukunft und die Gegenwart ist.

❶ Bereich, Thema, Kontext, Projekt? Was ist sehr gut gelaufen: (+)

❷ Was ist gar nicht gut gelaufen: (-)

❸ Das große Ziel in diesem Bereich ist?

❹ Was soll anders, nicht mehr, neu bzw. verstärkt gemacht werden?

❺ To do:

jetzt DU it ©

Tag 7: genieße!

In diesem letzten Kapitel geht es darum, dass du dir über dein Tun und Nicht-Tun noch mehr Bewusstsein verschaffst. Erfolg genießen ist mehr als sich den Genüssen hinzugeben. Als Teil des Lebens und für Motivationszwecke dient es dazu, Licht und Wärme in dein Leben zu bringen. Sei dir bewusst, dass die Grenzen des Genusses Sucht und Zwang sein können. Reinige deine Persönlichkeits-DNA, wenn du diese Grenzen überschritten hast.

Lebe einfach glücklicher, bewusst schöner, gestalte dein Leben und lebe jetzt. Bestimme das Tempo und die Richtung deines Lebens. Wie du den Erfolg genießt, ist dir überlassen.

Das Leben funktioniert vielleicht nicht immer so wie du willst, aber du kannst damit anfangen, dass es lichtreicher wird, als es bisher war. Jeder Tag bringt neue Möglichkeiten, durch ein ständiges gesundes Tun kannst du mit der Zeit mehr und mehr davon finden und nutzen. Höre auf dein Herz und genieße das Leben, den Tag und den Augenblick.

Tagesziel: **Bewusstsein für ein Leben im Jetzt schaffen.**

Dr. Heinrich Stemeseder

Denke nach und handle gleich, dann folgen die Wörter dir ins Reich. Das reimte sich aus mir vor der Aufgabe dieses Textes. In meinem Haupt-Ich, dem expressiven Schriftsteller lasse ich erst einmal den richtigen Gedanken wirkend ankommen, dem folgen - wie von selbst - die richtigen Wörtern, die ja unsere especjos, unsere Spiegel sind, wie der Spanische Humanist und Philosoph Juan Luis Vives (1492-1540) erklärte: "Es gibt keinen Spiegel, der besser das Bild eines Menschen wiedergäbe als seine Worte."

Stimmen meine Gedanken, dann folgen stimmige Worte und denen folgen Handlungen, die einfach nur stimmen können. "jetzt DU it!" setzt right thought, right words, voraus. Dass dem die right action folgt ist jedem sonnenklar, der irgendwann einmal durch eine konkrete Denkschule geschritten. Die schönste aber auch härteste Schule ist das Leben selbst und unsere Lehrer der Kindheit geben uns nur jene Spielregeln vor, die wir als Geschäftsmenschen dann weiter ins uns tragen. Prägungen können hilfreich sein, wie Mutters Spruch: Ich-kann-nicht liegt auf dem Friedhof und Ich-will-nicht liegt daneben. So hat die Spaßkanone Harald Schmitt seinen Erfolg im Gespräch mit Christoph Schlingensief gerechtfertigt.

Meine Mutter Hedwig Stemeseder sagte analog: Du machst das schon! Und das nach zwei Jahren negativer Noten in Latein und Mathe! Ich will damit sagen, negative Erfahrungen wollen bearbeitet sein, am besten durch den Entschluss zur richtigen Aktion, der im Erfolg ein neues Bewusstsein folgen mag. Jeder, der schon einmal eine echte Lebenskrise zu bewältigen hatte, kennt das Gefühl, dass danach nichts mehr so ist, wie es einmal war.

Mit dem Buch „jetzt DU it" als finale Zusammenfassung zum Coachingprogramm von Master Markus Robinigg bin ich wie der Vogel Phönix der Asche entstiegen und als Politiker und Initiator der Bewegung TIROLER FÜR TIROLER voll ins Leben zurückgekehrt. Als ich mich noch vom Tau des Himmels nährte, säte das Coaching die Saat deren Ernte jetzt schon ertragreich eingefahren wird. Das Buch „jetzt DU it" hilft jedem weiter, der sich selbst weiterhelfen will!

Ihr Heinrich Stemeseder

Erfolg genießen und sichern! Jetzt!

Mittlerweile sind wir fast am Ende der Reise angelangt. Du hast nun schon Einiges erfahren, Einiges gelernt, Einiges gefestigt. Du hast es sicherlich schon erkannt, trotzdem, ein kleiner Hinweis: es soll nicht das ganze Leben voll und immer bewusst ablaufen. Das geht ja auch gar nicht. Es geht vielmehr darum, beim bewusst Denken und Handeln einen Lernprozess zu starten. Durch die ausreichende Anzahl an Wiederholungen soll das "Lernwürdige" schließlich automatisiert werden. Bewusst leben heißt auch nicht, fortwährend konsequent und diszipliniert zu sein. Es geht um den Augenblick, die Bewusstseinsmomente besser zu steuern und mehr auf das Unbewusste zu hören, intuitiver und mit mehr Gefühl zu handeln und zu denken. Die rationalen Entscheidungen sind nicht immer die besten, aber auch nicht die schlechtesten. Es wird hier eine Wahrheit erzeugt, die „unsere" Wahrnehmung widerspiegelt. Diese kann durchaus eine „Lüge" sein. Ein Konstrukt, das uns in dem Augenblick gerade recht kommt. Uns damit beschützt, bewahrt oder was auch immer. Lerne einfach, besser mit dir selbst umzugehen. Deinen Gedanken Freiräume zu lassen. Grenzen können begrenzen und uns vor Etwas bewahren, aber auch ausgrenzen und verhindern.

Ich lade dich ein zu einer kleinen Reise ins Land der Träume. Komm einfach mit und freue dich auf diese wunderschöne Reise. Du hast sie verdient, du darfst diese Reise mitmachen.

Erinnere dich an einen sehr schönen Moment in deinem Leben. Beginnen wir im Bereich deiner Gesundheit. In dem du voller Kraft und Gesundheit warst. Im dem du etwas ganz besonderes erlebt hast und dich deine körperliche Fitness zu einem wunderbaren Erlebnis entführt hat. Hast du so einen Moment gefunden? Gut, dann geh ganz tief in dieses Erlebnis hinein und genieße die Gedanken daran in vollen Zügen. Ich möchte dich lachen hören, deine Augen strahlen sehen und ein unbeschreibliches Glücksgefühl in dir lodern spüren.

Erinnere dich jetzt! Genieße diese Gedanken jetzt, solange du willst!

Wenn du dieses erste Reiseziel erreicht hast, dich ausgesprochen wohl fühlst, dann erinnere dich doch auch noch an einen wunderbaren Augenblick in deinem Beruf. Erinnere dich an etwas ganz Tolles, vielleicht ein Erlebnis mit einem deiner Kunden, deinen Mitarbeitern, deinem Chef oder sonst irgendwem. Wo du etwas ganz Gewaltiges geleistet hast. Gehe auch hier in diese Erinnerung rein und genieße die Gedanken. Reite auf einer Welle der Begeisterung und genieße die Gefühle. Verstärke sie indem du an einem imaginären Verstärker um das 10-fache. Ja, du darfst es ganz gewaltig genießen. Atme tief ein und aus und genieße diesen Moment.

Erinnere dich jetzt! Verstärke das Gefühl um das 10-fache. Genieße es jetzt, solange du willst!

Diese Reise ist wunderbar, nun reisen wir weiter zu einem Augenblick, wo du in finanzieller Hinsicht ein tolles Erlebnis hattest. Wo sehr viel Geld zu dir gekommen ist und du das auch in voller Begeisterung genießen konntest. Vielleicht dein erstes selbstverdientes Geld, dein erstes Taschengeld, ein ordentlicher Auftrag oder eine besondere Belohnung, ein Erbe, eine Schenkung, egal was, einfach ein tolles Erlebnis. Und jetzt stell dir vor, wie das ganze Geld jetzt zu dir kommt. Stell es dir noch einmal vor, wie du es bekommen hast, du dir vorgestellt hast, was du alles damit machen wirst. Und dann, dann dreh am Verstärker und stell dir vor, wie das Gefühl des Empfangens noch stärker wird. Ein 10 Mal so starkes Gefühl. Wo es dir so warm ums Herz wird, dass es einfach wunderbar, herrlich, unglaublich toll ist!

Erinnere dich jetzt! Verstärke das Gefühl um das 10-fache. Genieße es jetzt, solange du willst!

Und dann stell dir noch ein Erlebnis vor, wo du im privaten Glück Augenblicke des Wahnsinns erlebt hast. Voller Begeisterung und Euphorie, mitsamt der Familie, Kindern, Eltern, Geschwistern, Freunden. Was auch immer, erinnere dich an ein unglaublich tolles Erlebnis. Und drehe dieses Gefühl noch weiter auf, auf das 100-fache!

Erinnere dich jetzt! Verstärke das Gefühl um das 100-fache. Genieße es jetzt, solange du willst!

Und jetzt nimm die Kraft dieser Glücksmomente einfach in die Gegenwart und in die Zukunft mit. Stell dir vor, wie du solche Momente in der Zukunft einfach öfter haben wirst als bisher. Gehe einen Schritt nach vorne, trage es in deine Zukunft und halte es fest. Verbinde dieses Gefühl mit **"jetzt DU it!"**

Immer, wenn du an **"jetzt DU it!"** denkst, kannst du dieses Gefühl wieder auftauchen lassen. Immer wieder. Selbst, wenn es dir schlecht geht, dann wirst du wissen, dass **"jetzt DU it!"** das Feuer in dir entfachen kann!

Mach diese Übung öfters, damit du befähigt bist **"jetzt DU it!"** als deinen Gefühlveränderungsknopf und Gefühlsverstärker zu verwenden. Es ist ein Ritual, wo du innerhalb kürzester Zeit eine Reise zu ausgezeichneten Gefühlen erreichen kannst. In Folge kannst du auch die Gefühlsrakete zünden: 10-9-8-…-3-2-1! Los! Diese Gefühlsrakete besteht aus 4 Teilen:

.1. Setze ein breites Lächeln auf,

.2. Zähle von 10 bis 1 runter, wobei du jeweils nach der Zahl **"jetzt DU it!"** sagst.

.3. Atme nach der Zahl aus und nach **"jetzt DU it!"** wieder ein.

.4. Nachdem du „1" und **"jetzt DU it!"** ausgesprochen hast, atme noch einmal tief ein und aus und mach einen Schritt oder Sprung nach vorn!

Widerhole diese Übung auch 2, 3 Mal, solange, bis du in einem sehr guten Gefühlszustand angekommen bist. Atme bei dieser Übung so, wie es dir am besten passt, wichtig: atme kräftig ein und aus! Du kannst auch die Veränderung messen. Bewerte deinen Gefühlszustand von 1-10 (1 … schlecht, 10 … ausgezeichnet). Einmal vor und einmal nach dem Start der Gefühlsrakete. Dann weißt du, wo du dich befindest und kannst deinen Gefühlszustand steuern. Jederzeit. Überall. Egal wo du bist, mit wem du bist, wie, warum und weshalb du bist.

Genieße jetzt! Lebe im Augenblick

Du kennst nun die 3WegStrategie. Du weißt, dass du ruhig träumen darfst, dass Leisten dich an deine Ziele bringen wird, dass Entspannen auch sehr, sehr wichtig ist. Urlaub, Pausen, einmal nichts tun, lesen, spazieren gehen, alles ist erlaubt. Alles ist sehr wichtig und notwendig. Halte öfters inne und gehe in dich. Sei laut und freue dich. Lache einmal mehr als bisher. Lass das Leben nicht einfach so verstreichen. Es wird immer wieder Phasen geben, wo es nicht so läuft. Wo Sachen passieren, die unglaublich negativ sein können. Das gehört zum Leben dazu. Von so manchen Erlebnissen und Erfahrungen kannst du lernen. Du musst auch nicht immer versuchen, etwas zu lernen. Sei einfach zufrieden mit dem Erreichten. Perfektionismus ist nicht angesagt. Verkrampfe dich nicht auf der Suche nach der bewussten Wahrheit. Verlass dich nicht nur auf die unbewusste Steuerung deines Unbewussten. Lerne die Sprache des

Unbewussten besser zu beherrschen. Verbessere die Kommunikationsfähigkeit zwischen Bewusstem und Unbewusstem, das ist ein unglaublich wertvoller Schlüssel zu einem glücklicheren Leben. Mit all diesem Wissen, kannst du ruhig die Augenblicke des Tuns, des Lebens bewusst wahr werden lassen. Genieße das Tun einmal mehr als bisher. Lache öfters, verlasse die negative Welt und gehe in die positive. Es kann noch so schlimm sein da draußen, aber es geht immer um dich. Bedenke auch deine Wirkung auf Andere. Du wirkst mit Negativtalk auf Andere und beeinflusst damit deren Lebensqualität. Stopp deinen eigenen Negativtalk. Stopp den Negativtalk von Anderen.

Vor der nächsten Übung möchte ich warnen. Mache diese Übung nicht zu oft und sei dir klar darüber, dass diese Übung im Zuge dieses Versuches eine Erkenntnisreise ist. Widerhole diese Übung nicht. Einmal genügt.

Versuch folgendes: Setze einmal bewusst die Negativbrille auf und nimm nur Negativtalk auf: aus der Zeitung, vom Fernsehen, den Menschen mit denen du redest. Notiere dir alles, was mit Krankheiten, schlechtem Wetter, Mord und Totschlag, Umweltvergiftungen, Stress, Burnout, Krieg, Hass, Diebstahl, Umweltverschmutzung, korrupten Politikern, böser Wirtschaft oder Kapitalismus zu tun hat. Mache das 3 Tage hintereinander jeweils für eine Stunde lang. Lies, schau, höre, notiere und sei nicht überrascht. Das meine ich jetzt ernst. Indem du es dir ganz bewusst „reinziehst", merkst du, wie weit verbreitet das Negative ist. Das öffnet dir unbewusst neue Möglichkeiten, denn damit wirst du zukünftig sensibler auf solche Informationen reagieren und die Sache (ab)stoppen.

Wenn ich dich nach den 3 Tagen „Selbstversuch" fragen würde: „Was ist dein Resümee?" Dann hast du sicher ganz bestimmt sehr viel Negatives mitbekommen. Das ist leider der Alltag vieler Menschen. Und es betrifft mehr Menschen, als man glauben möchte. Der Mensch kommuniziert mehr Negatives als Positives. Wenn ich dich jetzt fragen würde: „Nenne mir 10 positive Sachen, die dir bei dem Versuch aufgefallen sind?" – dann wird es dir schwerfallen, dies auch zu tun.

Das ist das Gesetz der Anziehung, der Resonanz, der Aufmerksamkeit, der Fokussierung, der Kommunikation mit deinem Unbewussten.

Du siehst, es ist sehr, sehr wichtig, wie man und was man denkt. Schenke deine Aufmerksamkeit den positiven Dingen. Genieße den Augenblick. Das Tun. Schwitze, streng dich an, aber betrachte bei deinem Tun und Denken das Positive. Man kann immer etwas Positives oder Negatives sehen. Immer! Und jeder! Ein halbes Glas ist immer halb voll und halb leer. Halb voll ist meist besser als halb leer (aber nicht immer ☺). Es ist für einen guten Zweck. Es ist für eine verbesserte Lebensqualität. Es ist für die Zukunft deiner Kinder. Es ist für die Zukunft unserer Gesellschaft.

Du kannst dir täglich kleine Belohnungen genehmigen, für größere Erfolge auch diese oder jene außerordentliche Belohnung. Sorge für „Magic Moments" in deinem Privatleben, in deinem beruflichen Leben, im gesundheitlichen und finanziellen Bereich. „Magic Moments" sind Erlebnisse, in denen du dich voll und ganz den Sinnen und glücklichen Gefühlen samt gewaltigen

Emotionswelten hingeben kannst. Das unterbricht den Alltag und bringt Schwung in dein Leben. Überrasche deinen Partner mit „Magic Moments". Wenn dein Partner keine Überraschungen mag, dann plane Etwas, das euch beiden gefällt, ohne überraschend zu wirken und genießt einfach den Moment.

Entführe deinen Partner in einen Rausch der Sinne.

Sorge auch für Abwechslung in deinem Alltag. Immer das Gleiche ödet mit der Zeit selbst Gleichheitsfanatiker, die immer das Gleiche haben wollen, ab. Scharfsinn statt Stumpfsinn.

Genauso ist es in deinem Beruf. Sorge für tolle Erlebnisse bei Kunden, Mitarbeitern und bringe Familie und Firma zusammen. Wenn du Sport machst, dann belohne dich doch mit einem Ausflug zu einen tollem Spiel, oder spiele (trainiere) selbst an einem Ort, wo du schon immer sein wolltest. Eishockey in Canada, Fußball in Italien, Radfahren in Frankreich, was auch immer. Überrasche Geist und Körper, du hast es dir verdient.

Eine tolle Wirkung zum Aufbau und Erhaltung einen starken Geistes erreicht man mit einem Erfolgstagebuch. Was gibt es für eine bessere Unterhaltung, als Erfolgsgeschichten von dir selbst, deiner Firma und deiner Familie zu lesen? Gib dir selbst Anerkennung. Sei auch stolz auf das, was du für dich, deinen Mitmenschen, Umfeld oder Gesellschaft, geleistet hast. Freue dich mit deiner Familie, deinen Mitarbeitern und Freunden.

Neben einem Erfolgstagebuch könnte man auch ein Familien-Erfolgstagebuch verwenden. Stell dir vor, wenn Mitglieder deiner Familie dort ihre Erfolge eintragen. Man könnte persönliche Erfolge aber auch gemeinsame Erfolge festhalten. Fotos reinkleben. Wie wird es für den Einzelnen dann sein, wenn er dort einmal nachliest? Das ist positives Feedback pur! Vertrau auf dich, andere tun es auch.

Jetzt im Augenblick leben, heißt sich total dem hingeben, was du gerade machst. Deine Gedanken - bewusst und unbewusst -leben im Augenblick. Jetzt. Jetzt. Nur, jetzt.

Neulich sagte eine Person zu mir: „Das mit den Zielen, das funktioniert doch nicht. Nachdem ich ein großes Ziel erreicht habe, falle ich in ein Loch. Denn dann habe ich ja kein großes Lebensziel mehr! Was soll da noch großartiges kommen? Was mache ich dann? Da ist es ja besser, wenn ich einfach „so dahin lebe", ohne großes Ziel! Außerdem, viele Menschen haben keine großen Ziele!"

„Ja", sagte ich, „das stimmt.

Genau aus diesem Grund ist es immer wieder wichtig sich Gedanken um die Ziele zu machen. Gerade deswegen ist es sinnvoll, auch nach der eigenen Wertvorstellung zu leben. Wer die eigenen Werte berücksichtigt, der findet auch Ziele. Wer den Lebenstraum erreicht hat, der kann diesen Traum mit den eigenen Werten ausschmücken. Die eigenen Werte können sich verändern, so kann sich auch „nach" dem Erreichen eines großen Lebenszieles die Wertelandschaft verändern. Das „Loch" kann auch mit einer Erholungsphase gefüllt werden. Erholung ist wichtig, betrachte das „Loch" als Teil der 3WegStrategie. So kannst du dich entspannen, erholen und regenerieren. Bewusst denken, bewusst lenken, unbewusst entspannen. Es ist auch gut, wenn mal die Luft draußen ist. Dann ist es Zeit für Erholung und Entspannung. Damit wird der Kopf wieder klarer und mit der Zeit ist man wieder bereit für neue Ziele!

Wer in allen 4 Lebensbereichen Ziele hat, der kann sich dann den anderen Zielen widmen. Du konditionierst dein Unbewusstes mit Zielverwirklichung, somit hast du ausreichende Lebensaufgaben. Die Richtung, die du dann einschlägst, die kannst du dann selbst wählen."

Mit Stress besser umgehen

Im Buch „the healing Code" widmen sich Alex Loyd und Ben Johnson ausführlich dem Thema Stress. Sie verweisen auf zahlreiche Untersuchungen, in denen erwiesen wurde, dass Stress zu 90% und mehr die Ursache Nr. 1 für alle Krankheiten ist! Diese Untersuchungen und Studien werden von zahlreichen renommierten Ärzten, Stressforschern und Glücksforschern bestätigt. In diesem Buch erfährt man, dass es einem oft gar nicht bewusst ist, dass man im Stress ist. Aber, im Unbewussten läuft die Stressabwehrreaktion auf Hochtouren. Grundsätzlich sind unsere Selbstheilungskräfte stark genug, uns selbst zu heilen. Befinden wir uns aber im Stress, dann sind die Aktivitäten zur Selbstheilung eingeschränkt. Dann ist der Fokus der Zellen auf Feuerlöschen ausgerichtet, Selbstheilungs- und Wachstumstätigkeit kommen zu kurz. Je länger und häufiger wir diesen Stress haben, umso weniger gut funktioniert der Selbstheilungsprozess. Das geht solange, bis das schwächste Glied der Kette bricht, darum äußert sich das bei jedem Menschen anders. Wir schenken unsere Aufmerksamkeit der Krankheit und damit geht es erst so richtig los.

In Krankenhäusern sterben die Leute, ein Spruch der von vielen älteren Menschen gerne verbreitet wird. Warum heißt es eigentlich nicht Gesundenhäuser? Interessant: das Microsoftprogramm Word zeigt mir an, dass das Wort „Gesundenhäuser" nicht im Wörterbuch steht. Krankenhäuser ist ok, Gesundenhäuser nicht. Das heißt, wir haben darüber hinaus noch ein gesellschaftliches Problem, wie wir mit Gesundheit und Krankheit generell umgehen und darüber denken.

Alle ungesunden Glaubenssätze, negativen Bilder, destruktive Zellerinnerungen halten den Stress aufrecht. Sobald wir etwas über unsere Sinne Etwas wahrnehmen, das diesen Bildern vergleichbar ist, wird der Stressmodus aktiviert. Diese Prozesse ununterbrochen, weil viele Bilder auch ununterbrochen auf uns einwirken. Somit ist es auch unsere Aufgabe, dass wir uns davor schützen müssen, ansonsten assoziiert unser Unbewusstes hemmungslos weiter. Scheinbar hat unser Hirn in gewissen Bereichen den Entwicklungsstand unserer Vorfahren noch nicht automatisch weiterentwickelt. Früher, sehr viel früher, war es wichtig, dass wir im Kampfmodus oder Fluchtmodus kampfbereit da standen. Heute sind diese Gefahren oft virtuell und künstlich. Trotzdem verfallen wir in Angst, einen Fluchtmodus, in Kampfbereitschaft, Vermeidung oder stellen uns Tod. Wir befinden uns augenblicklich in gewissen Bewusstseinszuständen, wie Angst, Ärger, Abneigung, Niedergeschlagenheit, Trauer, Scham. Das meiste davon erleben wir unbewusst.

Neben dem gesundheitlichen Aspekt geht es auch noch darum, dass das Unbewusste weniger Energie für unsere Ziele hat. Die Aufmerksamkeit ist im Stressmodus, da ist kein Platz für Wachstum und Zieleverwirklichung. Der Fokus ist abgeschaltet, die Konzentration, Disziplin ganz woanders. Wir sehen die Chancen nicht mehr und haben keine Kraft für Leistung. Erholung wäre gut, aber auch hier fehlt die Kraft. Und so verstärkt sich irgendwann diese negative Energie und das Stressrad radelt in unserem Bewusstsein hemmungslos herum. Es dreht sich immer schneller und schneller im Kreis. Bis es kracht.

Ursachen sind oft die Spitze des Eisberges, berufliche – private – gesundheitliche – finanzielle Probleme, negative Menschen – Tätigkeiten – Systeme, mangelndes Selbstbewusstsein oder Selbstwertgefühl, Zukunftsängste, … ; wenn der Stress nicht abgebaut wird, wirkt es sich oft so aus: Wut, Reizbarkeit, konfuses Denken, Schlafstörungen, Bluthochdruck, Herzerkrankungen, Allergien, Asthma, Migräne, Anspannung, Energielosigkeit, Depressivität, …

Du hast es sicherlich schon erkannt, Stress kann tödlich sein. Es ist sehr, sehr wichtig, wie wir denken und was wir denken. Und, unser Unbewusstes ist

Dankbar dafür, wenn wir auch bewusst in diesen Kreislauf eingreifen. Je weniger Negatives man liest, desto weniger belastet es uns. Je weniger wir nur das Negative sehen, desto besser geht es uns. Das Stressrad dreht sich ständig weiter. Lasse das nicht zu! Ein Rad dreht sich erst, wenn genug Antriebskraft da ist. Entlade die Stressantriebskraft. Tu das immer wieder. Wenn der Mülleimer voll ist, leere ihn aus, sonst läuft er über. Ausleeren, das musst du selbst tun. Oder du hast jemanden dafür, der es für dich macht. Wie auch immer, sorge dafür, dass der Mülleimer geleert wird!

Connirae und Tamara Andreas sprechen in ihrem Buch „Der Weg zur inneren Quelle" von Bewusstseinszuständen, die losgelöst von äußeren Einflüssen erlebt werden können. Wer sich in so einem Bewusstseinszustand befindet, ist in einem stressleeren Raum. Diese Zustände kannst du erreichen mit deinem inneren Frieden (in sich ruhen), Leben im Augenblick (vollkommene Bewusstseinswahrnehmung des Hier und Jetzt), Momenten der Liebe, voller Selbstakzeptanz (ich bin ok und wertvoll) und Eins-Sein mit der Natur, Gott, dem Universum. Wenn du dich in einen solchen Zustand bringst, lebst du stresslos in höchster Perfektion.

Gelebte Werte

Die eigenen Werte bestimmen das Leben. Sie sind entscheidend dafür, ob man sich wohl fühlt, oder nicht. Wenn du dich gegen die eigenen Werte entscheidest, hast du oft ein ungutes Gefühl. Du fühlst intuitiv, ob eine Entscheidung gut oder schlecht war. Ob sie den eigenen Werten entspricht, oder nicht. Höre gut auf dich selbst, es wird dich weiterbringen. Werte sind auch persönliche Überzeugungen davon, was für dich besonders wichtig ist. Werte und Überzeugungen ändern sich im Laufe der Zeit. Ändern sich die Werte, ändert sich fast automatisch auch das Verhalten. Werte steuern unser

Handeln, sie sind die Prinzipien nach denen wir leben. Glaubenssätze festigen unsere Werte.

Jeder Mensch hat unterschiedliche Werte in diesen Bereichen:

Profit: Gewinnstreben, Spartrieb, Zeitgewinnung, -einsparung, …

Sicherheit: Selbsterhaltung, Gesundheit, Risikofreiheit, Sorgenfreiheit, …

Komfort: Bequemlichkeit, Ästhetik, Schönheitssinn, …

Ansehen: Stolz, Prestige, Anlehnungsbedürfnis, „in" sein, „dabei" sein, …

Freude: Vergnügen, Großzügigkeit, Sympathie, Liebe zur Familie, …

📖 **Wertindex erstellen.**

Aufgabe: Mach dir Gedanken zu deinen Werten. Überlege dir, was du konkret darunter verstehst. Erstelle zunächst eine Wertetabelle mit einer Wertehierarchie. Überlege dir, welcher Wert aufgebaut bzw. gestärkt werden soll, damit du deine Ziele erreichst. Damit du dein Leben lebenswerter gestaltest und lebst!

❶ Was motiviert dich? Was ist für dich am wichtigsten? Was bringt dich zum Handeln? Wofür lebst du? Was ist für dich wichtig in den Bereichen: Familie, Gesundheit, Beruf, Finanzen? Schreiben deine 7 wichtigsten Werte auf:

❷ Kriterien definieren einen Wert näher. Kriterien deklarieren, wenn ein Wert erfüllt ist oder nicht. Die Kriterien bestimmen, was in einem bestimmten Bereich wichtig ist. Was verstehst du unter … (Wert)? Es kann zu Konflikten kommen, wenn in einer Gruppe die Wichtigkeit von Werten und deren Kriterien unterschiedlich sind. Es kann zu

Konflikten kommen, wenn du selbst zwischen 2 Werten entscheiden musst. Schreibe zu den Werten deine Kriterien auf: Was verstehst du darunter? Wann ist der Wert erfüllt? Was tust du dafür?

❸ Erstelle eine Hierarchie deiner Werte, so siehst du, was dir am wertvollsten und am wichtigsten ist.

❹ Leben dein Leben mit den Werten. Verändere Lebensbereiche, wo dein Werteleben nicht passt.

❺ To do:

Und nun?

Spätestens jetzt sollst du aufstehen und **„jetzt DU it"** leben.

Wenn nicht jetzt, wann dann?

Wenn nicht Du, wer dann?

Wenn nicht it, was dann?

jetzt DU it ©

Bonus

Herzlichen Glückwunsch! Du hast dich für eine aktive Gestaltung deiner Zukunft entschlossen und bekräftigst diese Entscheidung mit dem Kauf dieses Buches. Als besonderes Dankeschön möchte ich dir heute etwas schenken! Einen Gutschein für das Strategie-Seminarbuch in DinA4 im Wert von € 54 des offiziellen Verkaufspreises.

Gehe auf folgende Seite: **www.robinigg.at/jetztDUit/bonus**

Und gib bei der Bestellung folgenden Code ein: **bonus27**

Dort findest du weitere Informationen, wie du diesen Bonus einlösen kannst, warum das Seminarbuch in DinA4 Format eine ausgezeichnete Ergänzung zu diesem Buch ist und was es für dich bedeutet, damit zu arbeiten.

Vielleicht fragst du dich, warum ich dir € 54 schenke? Zunächst einmal als kleines Dankeschön, dass du das Buch gekauft hast und auch das Strategiehandbuch verwendest. Aber darüber hinaus geht es doch vielmehr darum, wenn du mit Hilfe dieser Unterlagen dein Erfolgskonzept realisierst, dann leiste ich womöglich den entscheidenden Beitrag dazu, dass deine Ziele voll aufgehen. Das ist eine gewaltige Motivation und tolle Bestätigung für mich!

Denke bei dem Feld Gutschein daran, das Kennwort „bonus27" einzutragen, so profitierst du vom Vorzugspreis. Melde dich auch beim Newsletter auf **www.robinigg.at** an, so erfährst du laufend über die neuesten Entwicklungen und auch hier profitierst du von exklusiven Vorteilsangeboten.

Danke!

Wie wichtig für mich die Familie ist, merke ich von Tag zu Tag immer mehr. So möchte ich meinem Vater danken, der mir die Kraft der Natur näher brachte. Meiner Mutter, die immer für uns da war. Meiner Schwester, der ewige Sonnenschein in meinem Herzen. Sandra, die mein Herz erwärmt und eine tolle Mutter für meine 2 Söhne ist. Ich bin dankbar für meine zwei wunderbaren Söhne, Daniel und Simon und für die glücklichen Momente in meinem Leben auch noch Sophia, Leah, Emma und Lisa (wie auch meinen Verwandten und Freunden).

Für das Lektorat möchte ich ganz besonders Sandra danken, die sich die Mühe gemacht hat, damit es in dieser beindruckenden Weise „lesbar" geworden ist. Sollte dir trotzdem noch ein Fehler aufgefallen sein, dann wahrscheinlich durch mein „Nachbessern", sorry!

Ich möchte Marc M. Galal danken, der mir in seinen wunderbaren Seminaren die Möglichkeiten der Persönlichkeitsentwicklung aufzeigte und zu mir sagte: „Mach es, du kannst es, du hast alles in dir, was du dazu benötigst." In seinen tollen Seminaren durfte ich auch so manche Person dabei begleiten, destruktive Bilder und Zellerinnerungen aus der Kindheit zu verändern und entemotionalisieren. Da waren ein paar unglaubliche Erlebnisse dabei. Respekt vor den Personen, die so mutig sind und sich dem Leben stellen, egal wie schlimm womöglich auch die Kindheit war.

Arno Fischbacher, der mit seinem Seminar einfach sehr bereichernd für mich war. Matthias Garten, den ich bei einem Seminar bei Marc kennen gelernt habe, der mit seiner unglaublich positiven Ausstrahlung ein ganz toller Mensch ist (und ebenso seine tolle Frau!). Hans-Werner-Schönell, der mit seiner freundlichen Art, seinem EKS Expertenwissen fachlich und menschlich inspirierend ist. Ich habe ihn bei einem EKS Vortrag in München live erlebt und schätzen gelernt. Gerd Ziegler, den ich auch bei Marc kennen gelernt habe (da trifft man ja lauter interessante Leute bei Marc! ☺), und mit dem ich in unglaubliche Tiefen des Unbewussten eingetaucht bin. Johann Fischler, der mir mit seinem Mut Dinge anzugehen, neue Wege aufzeigte. Heinrich Stemeseder, der in so manchen Phasen meiner Produktentwicklung auch Produktversuchsalphawolf war und mit seinem Feedback auch die Wirkung vieler Werkzeuge bezeugte. Mein Dank aber auch für zahlreiche interessante Gespräche. Wolfgang Schäffner, der mir zu Beginn meiner Abendmatura die Angst vorm Falschschreiben (☺) genommen hat und so die Weichen für den Abschluss stellte. Kenneth Etzer, der mich nach Innsbruck holte ☺, aber auch seinem Bruder Christian, der die Kraft des Mindboards bezeugt und bestätigt und mir somit auch viel Kraft gegeben hat. Christoph Baldauf, der mir mitsamt seiner Familie eine „tolle" Welt zeigte und mich auch oft dran teilhaben ließ. Fehlen darf natürlich auch nicht Manfred Abenthung, der mir in den „Natterwaldgesprächen" und seiner Wesensart viel Kraft gab. Und natürlich Herrn Steinwandter, der Mitbegründer von der Plattform Institut bewusst schöner leben ist und mit seiner Erfahrung, Begeisterung und jugendlichem Tatendrang mir die Vorstellung des Lebens mit 70+ schmackhaft macht. Danke für Ihre Unterstützung!

Nicht vergessen möchte ich meine Kunden, die ich in den Phasen Jungunternehmer, Übergeber, Sanierung und Optimierung begleiten durfte. Es gibt hier nicht nur zahlreiche schöne Erlebnisse sondern auch so manche traurige Gegebenheiten, wo wir uns beweisen durften und daraus lernen konnten. Ich möchte es mit der folgenden Aussage auf den Punkt bringen:

> „Lernen kann man immer, ich freue mich auf den heutigen Tag!" Herr Steinwandter

Vorstellung der mitwirkenden Experten

Marc M. Galal ist Experte für Verkaufspsychologie und Verkaufslinguistik. Er ist lizenzierter Trainer der Society of NLP™(USA) und hatte das Privileg, vom NLP™-Altmeister Dr. Richard Bandler persönlich ausgebildet worden zu sein. Marc M. Galal hat sich von Frank Farrelly in der provokativen Therapie zum Hypnose Coach ausbilden lassen. Er wurde ausgezeichnet als Top Speaker 2013 und konnte durch seine umfangreiche Ausbildung (NLP™-Trainer, Aus- und Weiterbildungen in den Bereichen Kommunikation, Verkauf, Hypnose und Rhetorik) die nls®-Strategie entwickeln, die große Erfolge in allen fünf Bereichen des Lebens ermöglicht. Marc M. Galal trainierte mehr als 110.000 Menschen, und zahlreiche Unternehmen wie Ikea, Toyota, Nike, Bang & Olufsen und Skandia setzen bereits seit Jahren auf nls®. In seinen Seminaren löst Marc M. Galal hemmende Glaubenssätze und ermöglicht den Teilnehmern den Neustart in das Leben ihrer Träume. www.marcgalal.com

Arno Fischbacher ist Stimmcoach für die Wirtschaft, Redner, Autor und Wirtschaftstrainer. Nach seiner Ausbildung zum Goldschmied und zum Schauspieler begann er eine eindrucksvolle Karriere am Theater. Arno Fischbacher spielte bei den Salzburger Festspielen und in Film- und Fernsehproduktionen. Er leitete das Theater als kaufmännischer Direktor und baute den Privatsender Welle 1 mit auf. 1998 wechselte Arno Fischbacher in die Weiterbildungsbranche. Als Redner, Trainer und Coach arbeitet er mit den Führungskräften und Mitarbeitern der Top-Unternehmen in Deutschland und Österreich. Voice Awareness© ist seine moderne Trainingsmethode, in der er seine Erfahrungen mit neuem Wissen aus Psycholinguistik und Wahrnehmungsforschung verbindet. Um das immer mehr Menschen bewusstzumachen, gründete Arno Fischbacher www.stimme.at, ein Netzwerk von Stimmexperten. Er ist im Vorstand der German Speakers Assoziation (GSA) und Präsident der GSA Österreich. Arno Fischbacher ist Autor des Buches "Geheimer Verführer Stimme" (Junfermann 2008), das 2012 als überarbeitete Hörbuchversion erschienen. www.arno-fischbacher.com

Matthias Garten: Dipl. Wirtsch.-Inf. Matthias Garten ist Speaker, Trainer und Geschäftsinhaber der Präsentationsagentur smavicon Best Business Presentation. Er ist der führende Experte für multimediales Präsentieren und seine Kunden profitieren von seinen innovativen Präsentationsideen. Mit seinen 8 Mitarbeitern hat er seit 1993 über 10.000 Präsentationen unterstützt, sowohl bei der Veredelung von PowerPoint-Folien, als auch mit Struktur, Inhalt, Dramaturgie und persönlicher Performance. Er bietet Trainings und Beratung an und entwickelte die sogenannte Presentation-Booster-Methode für die verkaufsstärksten und wirkungsvollsten Präsentationen. Zahlreiche Auszeichnungen von Professional Speaker GSA (SHB), Club 55, TOP 100 Excellence Trainer, TOP 100 Speaker, Conga Award – TOP10 und Mitgliedschaften in German Speaker Association und Marketing-Club Südhessen e. V. sowie zahlreiche Buchveröffentlichungen als Autor und Co-Autor prägen seinen erfolgreichen Weg. Sein Buch "PowerPoint - Der Ratgeber für bessere Präsentationen" ist mittlerweile ein Bestseller. www.smavicon.com

Hans-Werner Schönell ist Strategiecoach für Berater und Leiter des StrategieForums München. Er begleitet Menschen in zum Teil sehr dynamischen Veränderungsprozessen und gibt ihnen Orientierung für ihr berufliches und persönliches Vorwärtskommen. Als ausgebildeter IT-ler verbindet er logisches, strategisches Denken und Handeln mit Intuition und emotionaler Intelligenz. Seine besondere Begabung: Altes mit Neuem verbinden. Sein Motto lautet: Wettbewerbsvorsprung Mensch. Für Herrn Schönell ist ein Unternehmen ein „lebendiger Organismus" (vergl. Gerd Ammelburg, Organismus Unternehmen), der wie auch ein menschlicher Körper gesund oder krank sein kann, eine Ausstrahlung hat und über „Sinnesorgane" verfügt. Das nebenberufliche Studium der EKS®-Strategie (kybernetische Führungs- und Managementlehre von Wolfgang Mewes) hat sein Systemverständnis stark beeinflusst: „Nur knapp 15 % der kleinen und mittelständischen Unternehmen arbeiten so konsequent an ihrer Unternehmensstrategie, aber dafür erzielen sie um 50 % bessere Ergebnisse!" Organisationen: DVWO, Bundesverband StrategieForum e.V., StrategieForum München, EKS, IMI. www.wettbewerbsvorsprung-mensch.de / www.hws-schoenell.de

Johann Fischler ist Jurist sowie Wirtschafts- und Online-Marketing-Experte. Nach fünf Jahren im Bankensektor machte er sich 2007 selbständig und schaffte den Durchbruch dank Internet, welches er zunächst als Wirtschaftsblogger für sich nutzte. Aus den ersten autodidaktischen Online-Gehversuchen wuchs ein diversifiziertes Portfolio von Webseiten, Portalen und IT-Dienstleistungen. Seine Erfahrungen schrieb er in seinem "Erfolgsrezept Internet" nieder (bhv-Verlag 2011), das Selbständigen aus allen Branchen hilft, das Weltweite Netz für eigene Zwecke einzusetzen. Das Werk wird für seine Praxistauglichkeit und Glaubwürdigkeit geschätzt und gehört zu den Bestsellern der Kategorie Online Marketing. www.fischler.cc

Autor, Moderator und zusammen mit Enrico Golias, Gründer von Wissen-ist-Macht-TV. Jeder Mensch wird mit einem Traum geboren, oder legt sich diesen im Lauf seines Lebens zu. Doch wie kommt man vom Traum zum Ziel? Wie schafft man ein Leben nach den eigenen Vorstellungen? Um diese Fragen dreht sich alles auf den Seiten von Wissen-ist-Macht.tv - Gerd Ziegler stellt dort einige Blickpunkte und Interviews zum Thema bereit. Er hat Betriebswirtschaft studiert und sich das Wissen über persönliche Weiterentwicklung in zahlreichen Seminaren und seiner Ausbildung zum NLP-Practitioner angeeignet. Außerdem betreibt der Experte für Inboundmarketing eine Agentur für Internetmarketing und berät mittelständische Unternehmen und Freiberufler beim Thema Positionierung und Online-Vermarktung. In seinem Buch „Vom Traum zum Ziel: Endlich nach meinen eigenen Vorstellungen leben", Hoch hinaus Verlag, gibt er sein Wissen weiter. www.wissen-ist-macht.tv / www.online-praesent.de / www.vom-traum-zum-ziel.de

Heinrich Stemeseder ist Jurist Mag.Dr.Iur., Wirtschaftsorganisator und Schriftsteller. Knallharte Prosa zur politischen Alltagskultur, geistesgeschichtliche Skizzen, Systemanalyse; Gründer + Mastermind von TIROLER FÜR TIROLER; Buch „der politische Mythos des Antichristen" Duncker & Humblot, Berlin. Drehbuch

psychophilosophischer Roman ums Dostojewski-Problem „der Spieler".
Heinrich I. Der Politiker: Ein Mann, ein Wort für unsere Sache; Heinrich II.
Der Artist: Vita brevis, longus henricus, Heinrich III. Schulden zu Gold: Der
Finanzalchimist; Heinrich IV. Warrior 4 Christ: Der Sachverständige, Heinrich
V. Fiat Justizia! Das Recht des Staates im Politischen; Heinrich VI. On the
road: Der Entertainer & Kampfredner, Heinrich VII. El Autor: Heinrich, Euer
Visionenschmied; www.tirolerfürtiroler.at / www.heil-heinrich.at

Über den Autor

Markus Robinigg ist Experte für
Unternehmensoptimierung und Strategieumsetzung,
Autor und Erfinder des Mindboards©. Nach einer
Lehre als Bürokaufmann absolvierte er die Abend-
AHS-Matura in Salzburg und anschließend das
Betriebswirtschaftsstudium als Mag.rer.soc.oec in
Innsbruck. Seit 2001 ist er als Unternehmensberater
tätig und entwickelt für die praktische Anwendung
strategische Werkzeuge, die bei der
Kundengewinnung, Organisations- und
Mitarbeiteroptimierung wie auch Verbesserung der
Gewinnlage dienlich sind. Durch psychologische und verkaufslingustische
Fortbildungen - NLP Practitioner, NLP Master, LAB Practitioner sowie NLS
Practitioner, NLS Master – hat er die Befähigung zur Beratung für
Persönlichkeitsentwicklung. Als Mitbegründer des Instituts bewusst schöner
leben ist er ein Verfechter des bewussten Lebens. Der Schwerpunkt der
weiteren Forschung ist die Kommunikation des Bewussten mit dem
Unbewussten. Als Autor des Buches **jetzt DU it** © gibt er Werkzeuge und
Wissen für die strategische Umsetzung weiter.

Für noch bessere Ergebnisse

Alles Aktuelle und Wissenswertes über meine Beratung, Seminare und Werkzeuge erfährst du auf der Seite **www.robinigg.at**

Wenn du mehr vom Institut bewusst schöner leben wissen möchtest, dann gehe auf die Seite: **www.institut-bewusst-leben.com**

Du findest mich auch auf **facebook, xing, twitter** und **linkedin.**

Ich freue mich auf deine Anfragen, Anregungen und Gedanken und wünsche dir alles Gute bei deinem Weg hin zu den Zielen und weg von den Problemen.

Neben dem Buch, der Beratung und den Werkzeugen gibt es noch eine einzigartige Erfindung von mir: das Mindboard 4 you. Wenn ein Werkzeug die Kommunikation mit dem Unbewussten revolutioniert, dann das Mindboard 4 you. Nutze als Experte der Kommunikation dieses Werkzeug und lass dich überraschen, wie sehr du damit dein Unbewusstes steuern kannst. Auf fast magische Art und Weise verhilft es dir zu ungeahnten Sprüngen. Wie du dieses Know-How nutzen kannst, erfährst du auf **mindboard.robinigg.at**

Auch hier gilt: Wer das Strategiehandbuch besitzt, der erhält dort als besonderes Dankeschön einen Schlüssel zum Mindboard. Viel Spaß damit!

Literaturverzeichnis

Alex Loyd, Ben Johnson: Der Healing Code

Arno Fischbacher: Geheimer Verführer Stimme

Charles F. Haanel: the master key system

Christian Etzer: Persönlichkeitsentwicklung durch progressive Psychosynthese

Connirae und Tamara Andreas: Der Weg zur inneren Quelle

Eckart von Hirchhausen: Glück kommt selten allein

Ella Kensington: Robin und das positive Fühlen

Eva-Christiane Wetter: Die Kunst der richtigen Entscheidung

Friedrich, Malik, Seiwert: Das große 1x1 der Erfolgsstrategie

Gerd Ziegler: vom Traum zum Ziel

Greenberger, Padesky: Gedanken verändern Gefühle

Kerstin Friedrich: Erfolgreich durch Spezialisierung

Jörg Knoblauch: www.ziele.de

Lothar J. Seiwert: 30 Minuten für mehr Zeit-Balance

Lothar Seiwert: Das neue 1x1 des Zeitmanagements

Lucius Annaeus Seneca: Von der Seelenruhe, vom glücklichen Leben

Marc M. Galal: So überzeugen sie jeden

Paul McKenna: Ein neues Leben in sieben Tagen

Rhonda Byrne: the secret

Robert Dilts: Die Veränderung von Glaubenssystemen

Robert Dilts: Professionelles Coaching mit NLP

Reinhard K. Sprenger: 30 Minuten für mehr Motivation

Shelle Rose Charvet: Wort Sei dank

Stefan Merath: Der Weg zum erfolgreichen Unternehmer

Timothy Ferriss: Die 4 Stunden Woche

Übungsverzeichnis

Abbildungsverzeichnis

Nachwort

Liebe Leserin, lieber Leser!

Schön, dass du die Zeit gefunden hast, dieses Buch zu lesen. Ich hoffe, es hat dir gefallen und inspirierende Stunden beschert.

Mit einer Rezension (Bewertung) auf Amazon oder deiner Weiterempfehlung würdest du mir sehr helfen.

Auf den Homepages **www.jetzt-du-it.com** und **www.robinigg.at** und **www.institut-bewusst-leben.com** erfährst du Alles rund um mich, meinen Programme und weiteren Veröffentlichungen. Schau doch gleich einmal vorbei.

Hast du Fragen, Wünsche oder Anregungen, wende dich bitte direkt an mich, am Besten per E-Mail: info@robinigg.at

Herzlichst

Markus Robinigg

E-Mail: info@robinigg.at

www.jetzt-du-it.com

www.robinigg.at

www.institut-bewusst-leben.com

www.ingramcontent.com/pod-product-compliance
Lightning Source LLC
Chambersburg PA
CBHW080417270326
41929CB00018B/3063